U0010223

關係練習題

從我們
最喜愛的事物
開始回答

The
Couple's
Quiz
Book

350 Fun Questions
to Energize Your Relationship

艾莉西亞・姆諾茲 著　　陳錦慧 譯　　強雅貞 FION 插圖

－獻給我的兒子 Lucas －
無敵的遊戲大師

愛，是無時無刻的練習！

從「我」到「我們」

我在找這樣的書很久了！

研究顯示，伴侶之間的自我揭露可以增加親密感，但真正操作起來卻很困難，每次開口要「深入聊天」，卻不知道要從哪裡開始。幸好你遇見了這本書！

這是一本從「我」到「我們」的書，談的不只是感情，更是自我探索，透過了解自己、了解對方、拉近彼此之間的距離。我最喜歡裡面談「正向特質」的部分，透過關注彼此身上的優點，更愛彼此一點。

——心理作家 **海苔熊**

在一起，就是要花時間

談一場戀愛，沒有人是為了分手而在一起的吧？

相愛容易相處難，因陌生而相愛也因了解而分開。的確，我們花了許多時間、精力，好不容易才搞懂了身旁這位，一直認為的真命天子（女），但諷刺的是，到了精疲力盡的那一天，才發現對方根本就不是！

愛情為什麼要讓人這麼累？

如果愛情可以預先練習，那你會不會想「先」試試看？

如果練習的分數是滿分，那在相處的過程中，大家是不是……

就不會這麼累人了呢？

——最暖人夫 **口罩男**

愛你愛的一切

剛剛相遇的，可以更認識彼此；已經相處許久的，可以用新鮮的角度再了解彼此一次。

愛是無時無刻的練習呀，除了愛你，我也想愛著你愛的一切：）

——插畫家 **LuckyLuLu**

一起玩更好玩

是不是在交往後才發現對方有很多自己不認識的地方呢？這是一本能夠「透過問答」來和伴侶互相確認心思的有趣作品！情侶之間一起玩的話一定能更瞭解彼此唷！

——最閃情侶作家 **綜合口味**

擦亮愛的新火花

這本書的問答題目分成許多主題及不同面向，十分有趣，很適合剛在一起的伴侶透過問答建立連結，讓雙方更了解彼此！或者是感情長跑的情侶在忙碌之餘重新連結，為生活帶來新的火花！感情穩定的伴侶們在休息時間一起完成也很有趣，終於不用再緊張女朋友總是在一些怪時間問你怪問題了（擦汗），推一個！

——網路創作者 **囂搞**

(依來稿順序排序)

· CONTENTS ·

前言

親密關係的經營千變萬化、興奮刺激又能啟發成長，可惜進入關係前我們誰也沒辦法做好充分準備。我這麼說不是危言聳聽，而是有十足把握，因為忠誠、長久的親密關係是我個人的興趣，也是我的專業領域。我不是言情小說作家，更不是知名紅娘：我是伴侶諮商師。過去十四年來我輔導過許多處於各種階段的伴侶，歸結出親密關係中具備特殊力量的兩大指導原則：

1 —— 玩在一起的伴侶關係更長久。

2 —— 好奇心增進親密感。

伴侶問答可以發揮這兩個原則的高度潛力，一方面保持你們對彼此的好奇心，一方面為你和伴侶提供遊戲方法。學校裡的隨堂抽考也許令人焦慮，但如果願意參與，又能彼此配合，問答也可以是愉快的「腦力遊戲」。它能幫助你們深度對談，進而相互理解，說不定就在客廳沙發來一場難忘的激情秀（世事難料啊）。一九六六年電視節目《新婚遊戲》（*The Newlywed Game*）爆紅，製作人查克・巴里斯（Chuck Barris）顯然清楚看到這一點。節目邀請三到四對夫妻比賽，看哪一對最了解彼此。參賽夫妻在另一半聽不見的情況下，各自在現場觀眾面前回答一系列問題，兩人答案相同的比率最高者獲勝。

請注意，這種問答遊戲的目的不在競爭，製作單位不會鼓勵你去「擊敗」另一半或其他伴侶。遊戲過程中來一點趣味性的競爭，倒是能活絡氣氛。伴侶之間的競爭有點像紅酒或黑色幽默，少量還可以接受，多了可就掃興了。

本書分為兩部分，第一部分名為「**我們各自**」，焦點放在你或伴侶身上。這一部分的題目鎖定你在各方面喜歡或不喜歡什麼，比如喜好、興趣、食物、消遣和性格。第二部分是「**我們一起**」，題目包括你們的相似和相異點，分別針對你們之間的關係和你們兩人。這部分你們需要通力合作。

以上兩個部分的主題有些輕鬆有趣，有些則是複雜又有挑戰性。當然，所謂「輕鬆」、「沉重」、「簡單」、「複雜」都是主觀認定。這些題目沒有放諸四海皆準的「困難」或「簡單」，題目本身的重要性因人而異，每一對伴侶的答案也不盡相同。

如何使用本書

心理學家、學者兼知名伴侶諮商師約翰‧高特曼（John Gottman）曾說，關係親密的伴侶「熟知另一半的好惡、性格怪癖、期望和夢想」。很多伴侶分道揚鑣不是因為他們對彼此心生嫌惡，或他們的愛已成往事，而是因為其他更重要的事像荒蕪花園裡蔓生的野草，慢慢取代他們之間的聯繫。伴侶不再對彼此好奇，不再問問題或一起玩樂，就算察覺另一半的愛好或興趣改變，也忘了花點時間去理解或表達感受。忙碌消耗彼此的好奇心和玩樂心情，在這種情況下，即使兩人肉體上依然親密，情感上卻可能日益疏離。不管你們已經漸行漸遠，或各過各的，伴侶問答都是幫助彼此建立連結或重新連結的好方法。

在第一部分，你根據線索猜測伴侶是什麼樣的人，進一步認識身邊這個與眾不同、獨一無二的個體。為了達到目標，每一章先答題的設定為伴侶A，後答題的為伴侶B。第一部分的問答都會重複，方便伴侶分別答題。在第一部分每一章的最後，你可以跟對方核對答案，如果是「你答對了」，就打勾，如果是「不錯，可惜沒答對」，就打個叉。為免不必要的衝突破壞樂趣，你提供「正確」答案的方式務必用心。態度要親切有禮，比方說，「這題你的回答我很喜歡，不過我的答案是⋯⋯」或者，「答得不錯，我看得出來你為什麼這麼回答。你想不想聽我的答案？」如果你想知道該怎麼更建設性地發問或回答，可以直接翻到最後面的「有問必答」單元。

你們兩個答完同一組題目後，就可以計算彼此答對幾題，把結果寫在伴侶A或伴侶B的欄位。每一章答對比較多題的人可以贏得「答題達人獎」，這個獎項是針對各章主題設計的趣味活動，有助於建立你與另一半之間的連結。它們其實是有趣的實驗，幫助你們將思想化為行動。你們也可以自己設計獎品，或者乾脆跳過「你的獎勵」單元。

你回答題目時如果有些想法、點子或領悟，也可以筆記下來。到了書本最後的「有問必答」單元，你會有機會重新檢視這些筆記，以這些為基礎，設計某些專屬你們的問答。

PART

〈 1 〉

我們各自

即使你們已經在一起六十年，仍然可能不知道另一半小時候最珍愛哪一種萬聖節糖果、平均每星期自拍幾次，或者更希望出生的時候父母給你們取什麼名字。先別急，等第一部分結束，你知道的就不只這些。不管你們已經相伴幾十年或剛進入親密關係，你們仍然是兩個獨立的個體，有著對方未必知道的想法、期待與挑戰。這裡的題目可以提供你們進一步了解對方的機會。

第一部分的每一組問題都出現兩次。伴侶A先回答自己那一份，再把書本交給伴侶B回答自己那部分。等你們都做完一章的題目，就可以看看對方的答案，吸收從中得到的訊息，計算各自的得分。除了特別情況外，每一題算一分。

每一章最後一個單元都是「回顧」，複習那一章的主題。緊接著是「你的獎勵」單元，分數比較高的那個人可以在這裡得到「答題達人獎」。如果你們決定不比高下不拿獎勵，這個單元可以略過不做。「答題達人獎」是一種雙贏設計，所以就算伴侶「答對」的題目比你多，也不需要懊惱。等你們練習付出與給予這個經營伴侶關係的必要技巧時，這些獎勵可以幫助你們把每一章的主題化為行動，融入真實情境。

請小心，不要下意識地企圖在這個「誰比較了解對方」的遊戲中證明自己比較高竿。想在遊戲中「獲勝」，應當是為了享受友好競爭下的喜悅和震顫。本書的目的是讓你們關係更親密，不是為了讓你們之中任何一個變成自吹自擂的寂寞贏家。

最 喜 愛 的 事 物

心理學已經證實，我們最喜歡的事物反
映出我們的本質，也在塑造我們人格的
過程中扮演一定角色。我們喜歡的東西
不管是物質或非物質，都讓我們與周遭
的人明顯區分。這些東西是我們追尋過
去的線索，點明我們的需求和我們看重
什麼，反映出我們的個性。我們最喜歡
的東西就像一縷縷金線，編織在我們的
本體裡，連結我們的價值觀、態度、風
格和對世界的看法。一步步知道另一半
喜歡些什麼，可以給他們支持，看見他
們，幫助他們在這段關係裡安心自在。

（伴侶 A）

小事物

1. 另一半最喜歡哪一種枕頭：
   a. 羽絨枕
   b. 記憶枕
   c. 聚酯纖維枕
   d. 茶葉枕
   e. 乳膠枕
   f. 人體工學枕
   g. 長型抱枕

2. （圈選一項）另一半喜歡喝點無酒精／酒精飲料紓壓。

3. 另一半最喜歡的免費小物是：
   a. 免費的手機應用程式
   b. 免費試吃品
   c. 航空公司眼罩
   d. 飯店盥洗用品
   e. 其他：＿＿＿＿＿＿＿＿＿＿＿

4. 另一半最喜歡讀哪一類文字：
   a. 小說
   b. 自傳
   c. 自學書
   d. 網路新聞
   e. 其他：＿＿＿＿＿＿＿＿＿＿＿

5. （是／否）另一半喜歡穿情趣內衣。

6. 另一半小時候最喜歡的糖果是：
   a. 牛軋糖
   b. 太妃糖
   c. 水果軟糖
   d. M&M's 巧克力
   e. 其他：＿＿＿＿＿＿＿＿＿＿

7. 另一半心目中最有情感價值，也最喜歡穿戴的衣物飾品是：
   ＿＿＿＿＿＿＿＿＿＿＿＿

8. 一天之中另一半工作效率最高的時段是：
   a. 上午（五點到十一點）
   b. 下午（十二點到五點）
   c. 晚上（六點到十點）
   d. 深夜（十一點到凌晨四點）

9. （是／否）另一半選購衛生紙的原則是量多比材質更重要。

10. 另一半最喜歡的通訊方式是：
    a. 簡訊
    b. 電子郵件
    c. 面對面
    d. 電話
    e. 手寫字條

伴侶 A 總分 ＿＿＿＿＿＿＿＿＿＿＿＿＿＿＿＿＿＿＿＿

題組 1

小事物

（伴侶 B）

1. 另一半最喜歡哪一種枕頭：
   a. 羽絨枕
   b. 記憶枕
   c. 聚酯纖維枕
   d. 茶葉枕
   e. 乳膠枕
   f. 人體工學枕
   g. 長型抱枕

2. （**圈選一項**）另一半喜歡喝點**無酒精／酒精**飲料紓壓。

3. 另一半最喜歡的免費小物是：
   a. 免費的手機應用程式
   b. 免費試吃品
   c. 航空公司眼罩
   d. 飯店盥洗用品
   e. 其他：＿＿＿＿＿＿＿＿＿＿

4. 另一半最喜歡讀哪一類文字：
   a. 小說
   b. 自傳
   c. 自學書
   d. 網路新聞
   e. 其他：＿＿＿＿＿＿＿

5. （**是／否**）另一半喜歡穿情趣內衣。

6. 另一半小時候最喜歡的糖果是：
   a. 牛軋糖
   b. 太妃糖
   c. 水果軟糖
   d. M&M's 巧克力
   e. 其他：＿＿＿＿＿＿＿＿＿＿＿＿

7. 另一半心目中最有情感價值，也最喜歡穿戴的衣物飾品是：
   ＿＿＿＿＿＿＿＿＿＿＿＿

8. 一天之中另一半工作效率最高的時段是：
   a. 上午（五點到十一點）
   b. 下午（十二點到五點）
   c. 晚上（六點到十點）
   d. 深夜（十一點到凌晨四點）

9. （是／否）另一半選購衛生紙的原則是量多比材質更重要。

10. 另一半最喜歡的通訊方式是：
   a. 簡訊
   b. 電子郵件
   c. 面對面
   d. 電話
   e. 手寫字條

伴侶 B 總分 ＿＿＿＿＿＿＿＿＿＿＿＿＿＿＿＿＿＿＿＿＿＿＿

（伴侶 A）

大
事

1. 如果另一半擁有一棟豪宅，他／她最常待的地方會是：
   a. 高科技智慧廚房
   b. 多層豪華車庫
   c. 游泳池
   d. 溫室
   e. 其他：_____

2. 如果另一半獲選負責籌辦一場全新全國電視轉播的運動賽事，那項運動應該是：_____

3. 另一半最喜歡國內哪個地方：
   a. 東部　　　　b. 中部　　　　c. 南部
   d. 西部　　　　e. 北部

4. （是／否）另一半退休後打算繼續工作。

5. 另一半最喜歡的度假地點是：
   a. 海灘
   b. 船／遊輪
   c. 山區
   d. 家裡沙發上
   e. 動物保護區
   f. 大都市
   g. 叢林

6. 另一半目前最欣賞的意見領袖或專家是：_____

7. 圈選三項另一半最喜歡的建築風格：

現代	歐式古堡	樓中樓	維多利亞
落地窗	北歐極簡	摩天大樓	美式工業風
獨棟別墅	農場住宅 （小木屋）	日式和風	三合院

8. 另一半最喜歡的職業用以下哪個詞語形容最貼切：
   a. 他／她最內行的
   b. 服務相關
   c. 高風險／高刺激
   d. 創造力
   e. 科技相關
   f. 倡導類型

9. (**圈選一項**) 另一半喜歡的致富方式是**輕鬆發財**（例如樂透、繼承）
   或**苦幹實幹**？

10. 最能吸引另一半的圖案是：
    a. 方格
    b. 多色菱形
    c. 碎格子
    d. 渦旋
    e. 圓點
    f. 條紋

伴侶 A 總分 _____

題組 **2** （伴侶 B）

大事

1. 如果另一半擁有一棟豪宅，他／她最常待的地方會是：
   a. 高科技智慧廚房
   b. 多層豪華車庫
   c. 游泳池
   d. 溫室
   e. 其他：_____

2. 如果另一半獲選負責籌辦一場全新全國電視轉播的運動賽事，那項運動應該是：_____

3. 另一半最喜歡國內哪個地方：
   a. 東部   b. 中部   c. 南部
   d. 西部   e. 北部

4. （**是／否**）另一半退休後打算繼續工作。

5. 另一半最喜歡的度假地點是：
   a. 海灘
   b. 船／遊輪
   c. 山區
   d. 家裡沙發上
   e. 動物保護區
   f. 大都市
   g. 叢林

6. 另一半目前最欣賞的意見領袖或專家是：_____

7. 圈選三項另一半最喜歡的建築風格：

現代	歐式古堡	樓中樓	維多利亞
落地窗	北歐極簡	摩天大樓	美式工業風
獨棟別墅	農場住宅 （小木屋）	日式和風	三合院

8. 另一半最喜歡的職業用以下哪個詞語形容最貼切：
   a. 他／她最內行的
   b. 服務相關
   c. 高風險／高刺激
   d. 創造力
   e. 科技相關
   f. 倡導類型

9. （**圈選一項**）另一半喜歡的致富方式是**輕鬆發財**（例如樂透、繼承）
   或**苦幹實幹**？

10. 最能吸引另一半的圖案是：
   a. 方格
   b. 多色菱形
   c. 碎格子
   d. 渦旋
   e. 圓點
   f. 條紋

伴侶 B 總分 _____

（伴侶 A）

任何事物

1. 另一半最喜歡一星期之中的哪一天：
   a. 星期五
   b. 星期六
   c. 星期日
   d. 星期一（他／她熱愛工作）
   e. 星期二
   f. 星期三
   g. 星期四

2. 另一半欣賞哪位正直人士：＿＿＿＿＿＿＿＿＿

3. 以下五個選項中，哪個會是另一半最喜歡的？
   a. 酥皮蘋果派
   b. 晶亮的銅水壺和溫暖的羊皮手套
   c. 月光下展翅飛翔的野雁
   d. 融化成春天的銀白冬季
   e. 玫瑰花上的雨滴

4. 另一半必點的咖啡店飲品是：＿＿＿＿＿＿＿＿＿

5. 你做的哪件事最能讓另一半感受到你的愛：
   a. 關心與陪伴
   b. 貼心禮物或話語
   c. 擁抱或示愛
   d. 讚美

6. 另一半覺得最深刻的一場演講：＿＿＿＿＿＿＿＿＿＿
   他／她最想聽誰公開演講？＿＿＿＿＿＿＿＿＿＿

7. （**是／否**）每到年終，另一半會跟著節慶音樂哼唱。

8. 如果另一半能讓死去的寵物（或任何虛構動物）復活，
   他／她會選擇：＿＿＿＿＿＿＿＿＿＿

9. 另一半最喜歡的社交方式是：
   a. 跟一群朋友
   b. 跟你和另一對伴侶
   c. 只跟另一位朋友
   d. 跟陌生人（未來的朋友）

10. 另一半最常用的帳單付款方式：
    a. 便利商店繳費
    b. 網路／行動支付
    c. 滯納金到期了才狗急跳牆
    d. 使用紅利回饋較多的信用卡

伴侶 A 總分 ＿＿＿＿＿＿＿＿＿＿＿＿＿＿＿＿＿＿＿＿＿

（伴侶 B）

任何事物

1. 另一半最喜歡一星期之中的哪一天：
   a. 星期五
   b. 星期六
   c. 星期日
   d. 星期一（他／她熱愛工作）
   e. 星期二
   f. 星期三
   g. 星期四

2. 另一半欣賞哪位正直人士：＿＿＿＿＿＿＿＿＿＿

3. 以下五個選項中，哪個會是另一半最喜歡的？
   a. 酥皮蘋果派
   b. 晶亮的銅水壺和溫暖的羊皮手套
   c. 月光下展翅飛翔的野雁
   d. 融化成春天的銀白冬季
   e. 玫瑰花上的雨滴

4. 另一半必點的咖啡店飲品是：＿＿＿＿＿＿＿＿＿＿

5. 你做的哪件事最能讓另一半感受到你的愛：
   a. 關心與陪伴
   b. 貼心禮物或話語
   c. 擁抱或示愛
   d. 讚美

6. 另一半覺得最深刻的一場演講：_____
   他／她最想聽誰公開演講？_____

7. （**是／否**）每到年終，另一半會跟著節慶音樂哼唱。

8. 如果另一半能讓死去的寵物（或任何虛構動物）復活，
   他／她會選擇：_____

9. 另一半最喜歡的社交方式是：
   a. 跟一群朋友
   b. 跟你和另一對伴侶
   c. 只跟另一位朋友
   d. 跟陌生人（未來的朋友）

10. 另一半最常用的帳單付款方式：
    a. 便利商店繳費
    b. 網路／行動支付
    c. 滯納金到期了才狗急跳牆
    d. 使用紅利回饋較多的信用卡

伴侶 B 總分 _____

(回顧)

你已經認真思考過另一半最喜歡什麼事物，
比如他／她喜歡哪種枕頭、哪種社交方式。
但願你已經比進入第一章以前更了解另一半，
能在他／她的愛好、態度和傾向之中
找到某些全新亮點。

(你的獎勵)

答題達人獎：
得分比較高的人，可以挑選自己喜歡的節目或音樂，
與另一半分享。
另一個則依照對方在題組三第五題的答案表達自己的愛。

愛好與興趣

我們的愛好和興趣是我們成年後繼續玩樂的途徑。當我們說畫畫或跳舞是我們的「愛好」，或稱登山與打棒球是「興趣」，就賦予這些娛樂活動目的性與接受度。畢竟在這個世界上，我們受到的制約就是追求成就與生產力。對另一半的愛好和興趣好奇，我們就能跟對方——和我們自己——心裡那個內在小孩建立連結。

即使你的愛好和興趣跟另一半不一樣，多多了解一些能帶給你們彼此啟發的活動，既能幫助你拓展自己的興趣，也讓對方有機會參與你向來獨自從事的活動。伴侶們通常會發現，儘管彼此的愛好不同，但就像范氏圖一樣，雙方喜歡的玩樂方式總會有交集。時日一久，這個交集就會融入彼此的兩人世界裡。

（伴侶 A）

休
閒
時
間

1. 辛苦工作五天後，另一半最喜歡用什麼方式放鬆身心？

   _____

2. 另一半理想中的海灘假期最精采的部分是什麼，圈選兩項。

   a. 懶散地在陽傘底下消磨時光　　b. 水肺潛水
   c. 按摩或其他 SPA 服務　　　　d. 池畔美酒
   e. 水上摩托車
   f. 其他：_____

3. （是／否）在競爭遊戲與合作遊戲之間，另一半寧願選擇競爭遊戲。

4. （可複選）另一半認為以下哪些選項與「休閒」有關？

   □ 獨處時光　　　　　□ 美食
   □ 關閉所有 3C 產品　□ 一杯葡萄酒／啤酒
   □ 使用 3C 產品　　　□ 大自然
   □ 經驗分享　　　　　□ 運動
   □ 無事一身輕　　　　□ 跟動物／小孩相處

5. 哪一句話概括另一半面對苦差事的態度？

   a. 沒有人臨終時會說，「但願我多花點時間工作。」
   b. 站在山頂的人不曾在那裡跌倒過。
   c. 努力工作，盡情玩樂。
   d. 天才是百分之一的靈感加百分之九十九的汗水。

6. 另一半不曾從事過以下哪些休閒活動？
   a. 織毛線　　　　　　b. 滑水運動
   c. 繪畫　　　　　　　d. 騎馬
   e. 浮潛　　　　　　　f. 賞鳥

7. 另一半認為週末必須回覆公事的來電或郵件嗎？
   a. 從不　　　　　　　b. 只在緊急狀況下
   c. 經常　　　　　　　d. 總是如此

8. 如果另一半可以依自己的喜好重新制定每週工作時間，他／她會從_____開始工作，_____結束，每週工作_____天。

9. 由1到5評量以下選項，1是另一半「最喜歡」，5是「最不喜歡」。
   _____看書　　　　　　　_____學習
   _____看電影　　　　　　_____跟朋友聚會
   _____聽音樂

10. 另一半可能會沉迷的休閒活動是：
    a. 吃東西
    b. 電視遊樂器／網路遊戲
    c. 賭博
    d. 喝酒
    e. 購物
    f. 睡覺

伴侶 A 總分 _____

（伴侶 B）

休
閒
時
間

1. 辛苦工作五天後，另一半最喜歡用什麼方式放鬆身心？

   _____

2. 另一半理想中的海灘假期最精采的部分是什麼，圈選兩項。

   a. 懶散地在陽傘底下消磨時光　　b. 水肺潛水
   c. 按摩或其他 SPA 服務　　　　d. 池畔美酒
   e. 水上摩托車
   f. 其他：_____

3. （是／否）在競爭遊戲與合作遊戲之間，另一半寧願選擇競爭遊戲。

4. （可複選）另一半認為以下哪些選項與「休閒」有關？
   □ 獨處時光　　　　　　□ 美食
   □ 關閉所有 3C 產品　　□ 一杯葡萄酒／啤酒
   □ 使用 3C 產品　　　　□ 大自然
   □ 經驗分享　　　　　　□ 運動
   □ 無事一身輕　　　　　□ 跟動物／小孩相處

5. 哪一句話概括另一半面對苦差事的態度？
   a. 沒有人臨終時會說，「但願我多花點時間工作。」
   b. 站在山頂的人不曾在那裡跌倒過。
   c. 努力工作，盡情玩樂。
   d. 天才是百分之一的靈感加百分之九十九的汗水。

6. 另一半不曾從事過以下哪些休閒活動？
   a. 織毛線　　　　　b. 滑水運動
   c. 繪畫　　　　　　d. 騎馬
   e. 浮潛　　　　　　f. 賞鳥

7. 另一半認為週末必須回覆公事的來電或郵件嗎？
   a. 從不　　　　　　b. 只在緊急狀況下
   c. 經常　　　　　　d. 總是如此

8. 如果另一半可以依自己的喜好重新制定每週工作時間，他／她會從
   ＿＿＿＿＿＿＿開始工作，＿＿＿＿＿＿＿結束，每週工作＿＿＿＿＿＿＿天。

9. 由1到5評量以下選項，1是另一半「最喜歡」，5是「最不喜歡」。
   ＿＿＿＿＿＿看書　　　　　　＿＿＿＿＿＿學習
   ＿＿＿＿＿＿看電影　　　　　＿＿＿＿＿＿跟朋友聚會
   ＿＿＿＿＿＿聽音樂

10. 另一半可能會沉迷的休閒活動是：
    a. 吃東西
    b. 電視遊樂器／網路遊戲
    c. 賭博
    d. 喝酒
    e. 購物
    f. 睡覺

伴侶 B 總分 ＿＿＿＿＿＿＿＿＿＿＿＿＿＿＿＿＿＿＿＿＿

（伴侶 A）

創意頭腦

1. 這星期另一半最常從事哪一種創意活動？
   a. 素描／畫畫
   b. 音樂相關（彈奏／聆賞）
   c. 閱讀
   d. 寫部落格／寫作
   e. 圖形設計
   f. 運動／減重
   g. 居家裝飾
   h. 派對籌辦

2. 你在創意方面的愛好或興趣之中，哪一項最令另一半受惠：
   a. 做料理
   b. 居家維修
   c. 景觀規劃／園藝
   d. 剪貼
   e. 運動／健身
   f. 居家裝飾
   g. 派對籌辦

3. （是／否）另一半知道願景板（vision board）是什麼。

4. 回想過去，如果另一半小時候有機會學某種樂器（或多學一種樂器），那會是：＿＿＿＿＿＿＿＿＿

5. 你的興趣之中另一半最不喜歡參與的是：
   a. 參觀美術館
   b. 社會運動
   c. 數獨／填字遊戲
   d. 健行
   e. 其他：＿＿＿＿＿＿＿＿＿＿＿＿＿＿

6. （是／否）另一半說得出至少一首知名情詩的名稱和創作者。

7. 另一半希望總有一天你能參與他／她喜歡的哪一種創意活動？

   ＿＿＿＿＿＿＿＿＿＿＿＿＿＿＿＿＿＿＿

8. 哪一種愛好最令另一半感到振奮？
   a. 桌遊
   b. 電腦／手機遊戲
   c. 超商集點
   d. 刺青
   e. 其他：＿＿＿＿＿＿＿＿＿＿＿＿＿＿

9. 人體二百零六根骨頭之中，另一半到目前為止斷過幾根？

   ＿＿＿＿＿＿＿＿＿＿＿＿＿＿＿＿＿＿＿

10. 另一半希望能把哪一種興趣運用在工作上？

    ＿＿＿＿＿＿＿＿＿＿＿＿＿＿＿＿＿＿＿

伴侶 A 總分 ＿＿＿＿＿＿＿＿＿＿＿＿＿＿＿＿＿＿

題組
2

（伴侶 B）

創意頭腦

1. 這星期另一半最常從事哪一種創意活動？
   a. 素描／畫畫
   b. 音樂相關（彈奏／聆賞）
   c. 閱讀
   d. 寫部落格／寫作
   e. 圖形設計
   f. 運動／減重
   g. 居家裝飾
   h. 派對籌辦

2. 你在創意方面的愛好或興趣之中，哪一項最令另一半受惠：
   a. 做料理
   b. 居家維修
   c. 景觀規劃／園藝
   d. 剪貼
   e. 運動／健身
   f. 居家裝飾
   g. 派對籌辦

3. （是／否）另一半知道願景板（vision board）是什麼。

4. 回想過去，如果另一半小時候有機會學某種樂器（或多學一種樂器），那會是：＿＿＿＿＿＿＿＿

5. 你的興趣之中另一半最不喜歡參與的是：
   a. 參觀美術館
   b. 社會運動
   c. 數獨／填字遊戲
   d. 健行
   e. 其他：_____

6. （**是／否**）另一半說得出至少一首知名情詩的名稱和創作者。

7. 另一半希望總有一天你能參與他／她喜歡的哪一種創意活動？

   _____

8. 哪一種愛好最令另一半感到振奮？
   a. 桌遊
   b. 電腦／手機遊戲
   c. 超商集點
   d. 刺青
   e. 其他：_____

9. 人體二百零六根骨頭之中，另一半到目前為止斷過幾根？

   _____

10. 另一半希望能把哪一種興趣運用在工作上？

   _____

伴侶 **B** 總分 _____

腎上腺素飆升

（伴侶 A）

1. （是／否）相較於一些比較平和、有創意、引人深思的興趣和愛好，另一半更熱中從事能激發腎上腺素的活動。

2. 另一半因為某種愛好或興趣興奮莫名時，他們會
   a. 渾身是勁　　　　　　b. 講話速度極快
   c. 化身為教育班長　　　d. 傻笑個不停
   e. 其他：＿＿＿＿＿＿＿＿＿＿

3. 下列各種活動如果不危險，另一半會從事哪一種：
   a. 攀岩　　　　　　　　b. 拖曳傘
   c. 浮潛　　　　　　　　d. 水上摩托車
   e. 越野摩托車　　　　　f. 滑板
   g. 其他：＿＿＿＿＿＿＿＿＿＿

4. 另一半最喜歡的運動健身模式：
   a. 跟一群人一起　　　　b. 跟教練一起
   c. 參加團隊競爭　　　　d. 單獨競爭

5. 另一半曾經（或極可能）差點送命，是因為從事下列哪項愛好或興趣？
   a. 到新餐館吃飯
   b. 試用新產品或新器具
   c. 高空滑索
   d. 激流泛舟

e. 寫作時忘了補充水分

f. 餵食飢餓的鴿子

g. 其他：＿＿＿＿＿＿＿＿＿＿

6. (**複選**) 另一半從來不想發展以下哪些興趣／愛好：

　　□ 高空彈跳　　　　□ 機翼行走

　　□ 拋刀雜耍　　　　□ 消防隊義工

7. (**是／否**) 滾人球是另一半人生目標之一，或者如果他／她知道這種活動，就會列為人生目標。（如果你能向伴侶解釋什麼是滾人球，多得一分！）

8. 另一半小時候滑草或玩耍的山坡或公園是：＿＿＿＿＿＿＿＿＿

9. 另一半希望更常從事的冬季運動是：

a. 冰上曲棍球

b. 滑雪

c. 溜冰

d. 雪地摩托車

e. 以上皆是

f. 以上皆非

10. (**圈選一項**) 另一半屬於**戴頭盔型**或**不戴頭盔型**。

伴侶 A 總分 ＿＿＿＿＿＿＿＿＿＿＿＿＿＿＿＿＿＿＿＿

（伴侶 B）

腎上腺素飆升

1. （是／否）相較於一些比較平和、有創意、引人深思的興趣和愛好，另一半更熱衷從事能激發腎上腺素的活動。

2. 另一半因為某種愛好或興趣興奮莫名時，他們會
   a. 渾身是勁　　　　　b. 講話速度極快
   c. 化身為教育班長　　d. 傻笑個不停
   e. 其他：＿＿＿＿＿＿＿＿＿＿

3. 下列各種活動如果不危險，另一半會從事哪一種：
   a. 攀岩　　　　　　　b. 拖曳傘
   c. 浮潛　　　　　　　d. 水上摩托車
   e. 越野摩托車　　　　f. 滑板
   g. 其他：＿＿＿＿＿＿＿＿＿＿

4. 另一半最喜歡的運動健身模式：
   a. 跟一群人一起　　　b. 跟教練一起
   c. 參加團隊競爭　　　d. 單獨競爭

5. 另一半曾經（或極可能）差點送命，是因為從事下列哪項愛好或興趣？
   a. 到新餐館吃飯
   b. 試用新產品或新器具
   c. 高空滑索
   d. 激流泛舟

e. 寫作時忘了補充水分

f. 餵食飢餓的鴿子

g. 其他：＿＿＿＿＿＿＿＿＿＿＿＿

6. （**複選**）另一半從來不想發展以下哪些興趣／愛好：

　□ 高空彈跳　　　　　□ 機翼行走

　□ 拋刀雜耍　　　　　□ 消防隊義工

7. （**是／否**）滾人球是另一半人生目標之一，或者如果他／她知道這種活動，就會列為人生目標。（如果你能向伴侶解釋什麼是滾人球，多得一分！）

8. 另一半小時候滑草或玩耍的山坡或公園是：＿＿＿＿＿＿＿＿＿＿

9. 另一半希望更常從事的冬季運動是：

a. 冰上曲棍球

b. 滑雪

c. 溜冰

d. 雪地摩托車

e. 以上皆是

f. 以上皆非

10. （**圈選一項**）另一半屬於**戴頭盔型**或**不戴頭盔型**。

伴侶 B 總分　＿＿＿＿＿＿＿＿＿＿＿＿＿＿＿＿＿＿＿＿

現在你的概念更清楚了，
知道另一半喜歡哪些種類的愛好，
偏好創意、放鬆或劇烈的活動。
也許你對另一半的興趣有更新的了解，
或者找到令你們雙方都振奮、
啟發或覺得刺激的共同點。
利用這些新資訊走出彼此的舒適圈，
一起探索兩人的愛好與興趣。

── ⟨ 你的獎勵 ⟩ ──

答題達人獎：
另一半陪你從事你選擇的愛好或興趣。
告訴對方你多麼希望他／她跟你一起做某個特定活動。
比方說：「跟我一起去看棒球比賽，幫我支持的隊伍加油。」
或「我做飯的時候當我的副主廚」，
或「跟我一起去健身房健身」。

食 物

在親密關係中，食物的重要性很容易被忽視，
尤其如果你們不乏品嚐美食的機會的話。然
而，不可否認的是，我們跟另一半分享或交
換食物的方式足以說明彼此的親密度。

再者，我們對烹調、日常採買、加工食品、
剩菜和營養的看法，關係到我們如何滋養自
己和其他人。「人如其食」這句老生常談或
許過度簡化，可是我們在營養方面的選擇
──不管有意識或無意識──直接影響我們
的健康、精力與心情，也會擴及我們最親密
的關係。

在本章的問答之中，你要回答的問題包括另
一半對食物的態度，以及有關烹調、外食、
有益健康的食物、垃圾食物（站在另一半的
觀點）等各方面的特點與細節。

（伴侶 A）

飲食觀

1. 另一半最喜歡你：
   a. 不碰他／她的食物
   b. 他／她給你東西吃時不拒絕
   c. 鼓勵他／她拿你盤子裡的食物吃
   d. 讓他／她餵你吃東西
   e. 拿食物餵他／她

2. （是／否）另一半小時候自己準備午餐的便當。

3. 另一半覺得跟他／她的家人用餐是：
   a. 和樂而混亂
   b. 一板一眼的禮儀規矩
   c. 精采談話
   d. 沉默無奈
   e. 公開的衝突
   f. 其他：＿＿＿＿＿＿＿＿＿

4. 如果不考慮營養，另一半一天之中會吃最多的食物是：

   ＿＿＿＿＿＿＿＿＿＿＿＿＿＿＿＿＿＿＿＿

5. （是／否）另一半偷偷希望看你裸體做飯。

6. 另一半會形容他／她自己是：
   a. 雜食
   b. 肉食

c. 純素

　　d. 蔬食

　　e. 海鮮

　　f. 其他：＿＿＿＿＿＿＿＿＿＿＿

7. （是／否）另一半偶爾會默默為食物感恩。

8. 從底下左右兩欄中各選出一個最接近另一半的常態飲食習慣。

☐ 大口嚼食　　　　　☐ 小口嚼食

☐ 快速咀嚼　　　　　☐ 細嚼慢嚥

☐ 狼吞虎嚥　　　　　☐ 小鳥啄食

☐ 邊嚼邊說話　　　　☐ 專注進食

9. 食物滿足另一半哪方面的心理需求：

　　a. 愛

　　b. 安全感

　　c. 知覺麻痺

　　d. 控制

　　e. 舒適感

10. 如果另一半能夠交叉繁殖兩種不同的蔬菜或水果，他們會創造出哪兩種植物的混種：＿＿＿＿＿＿與＿＿＿＿＿＿

伴侶 A 總分 ＿＿＿＿＿＿＿＿＿＿＿＿＿＿＿＿＿＿＿＿

（伴侶 B）

飲食觀

1. 另一半最喜歡你：
   a. 不碰他／她的食物
   b. 他／她給你東西吃時不拒絕
   c. 鼓勵他／她拿你盤子裡的食物吃
   d. 讓他／她餵你吃東西
   e. 拿食物餵他／她

2. （是／否）另一半小時候自己準備午餐的便當。

3. 另一半覺得跟他／她的家人用餐是：
   a. 和樂而混亂
   b. 一板一眼的禮儀規矩
   c. 精采談話
   d. 沉默無奈
   e. 公開的衝突
   f. 其他：＿＿＿＿＿＿＿＿＿＿

4. 如果不考慮營養，另一半一天之中會吃最多的食物是：

   ＿＿＿＿＿＿＿＿＿＿＿＿＿＿＿＿＿＿＿＿

5. （是／否）另一半偷偷希望看你裸體做飯。

6. 另一半會形容他／她自己是：
   a. 雜食
   b. 肉食

c. 純素

d. 蔬食

e. 海鮮

f. 其他：_____

7. （是／否）另一半偶爾會默默為食物感恩。

8. 從底下左右兩欄中各選出一個最接近另一半的常態飲食習慣。

☐ 大口嚼食　　　☐ 小口嚼食

☐ 快速咀嚼　　　☐ 細嚼慢嚥

☐ 狼吞虎嚥　　　☐ 小鳥啄食

☐ 邊嚼邊說話　　☐ 專注進食

9. 食物滿足另一半哪方面的心理需求：

a. 愛

b. 安全感

c. 知覺麻痺

d. 控制

e. 舒適感

10. 如果另一半能夠交叉繁殖兩種不同的蔬菜或水果，他們會創造出哪兩種植物的混種：_____與_____

伴侶 B 總分 _____

（伴侶 A）

出去吃，在家吃

1. 如果另一半肚子餓了，冰箱卻什麼都沒有，他／她多半會：
   a. 外送（叫披薩或炸雞等速食）
   b. 外送（叫中式料理等高級料理）
   c. 到小吃店買熟食
   d. 買食材自己做
   e. 就餓著

2. （是／否）通常另一半喜歡在外面用餐。

3. 以下哪些選項符合另一半對「家常菜」的看法，請圈選。

   好吃　　　　　　　美味佳餚
   平淡　　　　　　　電視餐
   什麼鬼東西？　　　爸爸
   煮過頭　　　　　　美食
   冷掉　　　　　　　起司通心粉
   壓力大　　　　　　媽媽

4. 另一半想帶你去的餐館：＿＿＿＿＿＿＿＿＿

5. 另一半心目中的床上夢幻早餐不包括：
   a. 酪梨吐司
   b. 煙燻鮭魚
   c. 墨西哥玉米捲餅
   d. 魚卵

e. 香腸或培根

f. 牛奶或優格

g. 柳橙汁

h. 穀片

6. 另一半小時候固定給自己做的餐點是：＿＿＿＿＿＿＿＿＿

7. 上餐館吃西式晚餐時，另一半理想中的第一道食物是：

a. 奶油和麵包

b. 沙拉

c. 湯

d. 起司與脆餅

e. 開胃菜（amuse-bouche，如果你知道這個法語字的意思，多得一分！）

f. 特殊飲料

8. （**圈選一項**）你們兩個之中比較常想出去吃晚餐的是你／**另一半**。

9. 過去一個月以來另一半已經叫過外賣（包括飯店客房服務）大約＿＿＿＿＿次。

10. 今天的下一餐另一半心目中最理想的餐點是：＿＿＿＿＿＿＿＿

伴侶 A 總分 ＿＿＿＿＿＿＿＿＿＿＿＿＿＿＿＿＿＿＿＿＿

（伴侶 B）

出去吃，在家吃

1. 如果另一半肚子餓了，冰箱卻什麼都沒有，他／她多半會：
   a. 外送（叫披薩或炸雞等速食）
   b. 外送（叫中式料理等高級料理）
   c. 到小吃店買熟食
   d. 買食材自己做
   e. 就餓著

2. （是／否）通常另一半喜歡在外面用餐。

3. 以下哪些選項符合另一半對「家常菜」的看法，請圈選。

   好吃　　　　　　　　美味佳餚
   平淡　　　　　　　　電視餐
   什麼鬼東西？　　　　爸爸
   煮過頭　　　　　　　美食
   冷掉　　　　　　　　起司通心粉
   壓力大　　　　　　　媽媽

4. 另一半想帶你去的餐館：＿＿＿＿＿＿＿＿＿

5. 另一半心目中的床上夢幻早餐不包括：
   a. 酪梨吐司
   b. 煙燻鮭魚
   c. 墨西哥玉米捲餅
   d. 魚卵

e. 香腸或培根

f. 牛奶或優格

g. 柳橙汁

h. 穀片

6. 另一半小時候固定給自己做的餐點是：＿＿＿＿＿＿＿＿＿＿＿＿

7. 上餐館吃西式晚餐時，另一半理想中的第一道食物是：

a. 奶油和麵包

b. 沙拉

c. 湯

d. 起司與脆餅

e. 開胃菜（amuse-bouche，如果你知道這個法語字的意思，多得一分！）

f. 特殊飲料

8. （**圈選一項**）你們兩個之中比較常想出去吃晚餐的是你／**另一半**。

9. 過去一個月以來另一半已經叫過外賣（包括飯店客房服務）大約
＿＿＿＿＿次。

10. 今天的下一餐另一半心目中最理想的餐點是：＿＿＿＿＿＿＿＿＿

伴侶 **B** 總分 ＿＿＿＿＿＿＿＿＿＿＿＿＿＿＿＿＿＿＿＿＿＿＿＿

（ 回 顧 ）

你剛才回答一系列問題，
包括另一半喜不喜歡你拿他／她盤子裡的東西吃、
食物滿足他／她哪方面的心理需求，
以及過去一個月來另一半叫了多少次外賣。
你知道另一半會交叉繁殖哪兩樣蔬菜或水果，
甚至探索了另一半下一餐想吃什麼。
你們越是了解彼此的食物偏好和用餐行為，
以及對家庭料理或外出用餐的信念和看法，
就越容易共同創造更令人滿意的飲食體驗。

（ 你的獎勵 ）

答題達人獎：
邀請另一半去你想帶他／她去的餐館（題組二第四題），
或者選擇另一家餐館，
讓你們各自都有機會點至少一樣最喜歡的甜點，
一起慶祝這個美好的答題達人獎。

娛 樂

各式各樣的表演，不管是在電影院、電腦螢幕、舞台，甚至在基威斯特島的木棧道上，都能令我們心馳神往，歡欣愉快。無論你喜歡的是舞蹈、戲劇、運動、馬戲、電影、YouTube 影片、電視節目、滑板競賽或爵士演奏。不同形態的娛樂與我們的日常生活緊密交織，有時候甚至成為我們自我感知的核心。你和另一半喜歡的娛樂很大程度透露你這個人的特質，比如你的傳承、你所受的教養、你玩樂消遣時有多放得開，你偏好可預測性或自發性，乃至你的感官享受。在某種情境下讓你覺得開心的事，換到另一種情境卻可能惹你心煩，比如婚禮上玩電視遊樂器或瑜伽課聽重金屬音樂。

以下的題目可以協助你和另一半進一步了解彼此在娛樂方面的偏好。

（伴侶 A）

螢幕相關

1. 另一半會怎麼描述他／她跟螢幕的關係：
   a. 矛盾（有它活不下去，少了它也活不下去）
   b. 無所謂（螢幕只是另一項工具）
   c. 緊密（螢幕很重要）
   d. 上癮（螢幕是救生索）

2. （是／否）網際網路連接人與人的功能，遠大於讓他們彼此疏遠。

3. 圈選兩個另一半認為與社群媒體相關的詞語：

趣味	娛樂
生意	哀傷
興奮	無法招架
孤單	不好
困惑	排斥
浪費時間	創意
冒險	沒有界限
不可或缺	令人沮喪
無法無天	好
嚇人	叫人著迷

4. （是／否）另一半覺得機器人很有意思。

5. 另一半掛在螢幕前多半是：
   a. 看新聞
   b. 工作

c. 看 YouTube 影片／電影

d. 找食譜

e. 購物

f. 看股票資訊

g. 用 Line 或 FaceTime 視訊聊天

6. （**是／否**）另一半聽有聲書與／或 Podcast（如果你能說出他／她最近在正在聽的東西，多得一分）。

7. 你可以用什麼代價引誘另一半停止上網一天：

a. 獎金 3000 元

b. 派對

c. 腳底按摩

d. 美食

8. 另一半每星期大約自拍幾次：＿＿＿＿＿＿＿＿＿＿＿＿＿＿

9. 另一半最喜歡的電視或網路影集是：＿＿＿＿＿＿＿＿＿＿＿＿

10. 另一半永遠看不膩的電影是：＿＿＿＿＿＿＿＿＿＿＿＿＿＿

伴侶 A 總分 ＿＿＿＿＿＿＿＿＿＿＿＿＿＿＿＿＿＿＿＿＿＿

（ 伴侶 B ）

螢幕相關

1. 另一半會怎麼描述他／她跟螢幕的關係：
   a. 矛盾（有它活不下去，少了它也活不下去）
   b. 無所謂（螢幕只是另一項工具）
   c. 緊密（螢幕很重要）
   d. 上癮（螢幕是救生索）

2. （是／否）網際網路連接人與人的功能，遠大於讓他們彼此疏遠。

3. 圈選兩個另一半認為與社群媒體相關的詞語：

趣味	娛樂
生意	哀傷
興奮	無法招架
孤單	不好
困惑	排斥
浪費時間	創意
冒險	沒有界限
不可或缺	令人沮喪
無法無天	好
嚇人	叫人著迷

4. （是／否）另一半覺得機器人很有意思。

5. 另一半掛在螢幕前多半是：
   a. 看新聞
   b. 工作

    c. 看 YouTube 影片／電影

    d. 找食譜

    e. 購物

    f. 看股票資訊

    g. 用 Line 或 FaceTime 視訊聊天

6. （**是／否**）另一半聽有聲書與／或 Podcast（如果你能說出他／她最近在正在聽的東西，多得一分）。

7. 你可以用什麼代價引誘另一半停止上網一天：

    a. 獎金 3000 元

    b. 派對

    c. 腳底按摩

    d. 美食

8. 另一半每星期大約自拍幾次：＿＿＿＿＿＿＿＿＿＿＿＿＿

9. 另一半最喜歡的電視或網路影集是：＿＿＿＿＿＿＿＿＿＿

10. 另一半永遠看不膩的電影是：＿＿＿＿＿＿＿＿＿＿＿＿

伴侶 B 總分 ＿＿＿＿＿＿＿＿＿＿＿＿＿＿＿＿＿＿＿＿＿

現場與本人

（伴侶 A）

1. 另一半沒有觀賞過哪一種節目：
   a. 劇場
   b. 音樂會
   c. 芭蕾舞
   d. 足球／棒球／籃球／羽球等比賽
   e. 國際標準舞比賽

2. （是／否）另一半是個數獨遊戲天才。

3. 如果另一半參加才藝比賽，他／她的哪一種才藝會勝出？
   a. 說故事
   b. 演奏／唱歌
   c. 紙牌魔術
   d. 跳舞
   e. 喜劇表演

4. 另一半的競爭性落在以下哪一個？

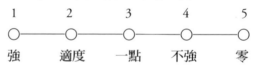

1	2	3	4	5
強	適度	一點	不強	零

5. 另一半在哪種比賽中一定能贏你：
   a. 足球
   b. 桌遊
   c. 歌唱比賽
   d. 籃球

e. 數獨

f. 拼字遊戲

6. （**是／否**）另一半會在遊樂園裡搭雲霄飛車。

7. 另一半喜歡的演藝人員是：

8. 另一半會拋給他／她迷戀的搖滾明星以下哪樣東西？
   a. 應援手幅
   b. 手機
   c. 花
   d. 毛巾

9. 如果參加卡拉 OK 比賽，另一半唱哪一首歌可能會贏：

_____

10. 另一半小時候可能會要求氣球藝術家做出什麼東西？
   a. 劍
   b. 頭盔
   c. 狗
   d. 心形
   e. 花朵
   f. 王冠

伴侶 A 總分 _____

（伴侶 B）

現場與本人

1. 另一半沒有觀賞過哪一種節目：

   a. 劇場

   b. 音樂會

   c. 芭蕾舞

   d. 足球／棒球／籃球／羽球等比賽

   e. 國際標準舞比賽

2. （是／否）另一半是個數獨遊戲天才。

3. 如果另一半參加才藝比賽，他／她的哪一種才藝會勝出？

   a. 說故事

   b. 演奏／唱歌

   c. 紙牌魔術

   d. 跳舞

   e. 喜劇表演

4. 另一半的競爭性落在以下哪一個？

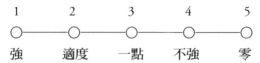

1	2	3	4	5
強	適度	一點	不強	零

5. 另一半在哪種比賽中一定能贏你：

   a. 足球

   b. 桌遊

   c. 歌唱比賽

   d. 籃球

e. 數獨

f. 拼字遊戲

6. （**是**／**否**）另一半會在遊樂園裡搭雲霄飛車。

7. 另一半喜歡的演藝人員是：

8. 另一半會拋給他／她迷戀的搖滾明星以下哪樣東西？
   a. 應援手幅
   b. 手機
   c. 花
   d. 毛巾

9. 如果參加卡拉 OK 比賽，另一半唱哪一首歌可能會贏：

   _____

10. 另一半小時候可能會要求氣球藝術家做出什麼東西？
    a. 劍
    b. 頭盔
    c. 狗
    d. 心形
    e. 花朵
    f. 王冠

伴侶 B 總分 _____

本章的題目引導你用全新角度思考
另一半喜歡的遊戲、表演和活動。
但願你也明白了電子產品在另一半生活中扮演的角色，
並且從中了解到這些產品也許可以（或無法）
幫助另一半放鬆心情。
知道什麼東西能吸引另一半，
可以幫助你們創造更多分享機會，
找出更多共享的娛樂方式。

(你的獎勵)

答題達人獎：
答題達人可以從以下選擇一項：
1、參加題組二第一題裡你還沒參加過的活動：
　　劇場、音樂會、芭蕾舞、棒球／籃球／羽球等比賽、
　　國際標準舞。
2、玩題組二第五題之中另一半認為你會贏的遊戲，
　　看看贏的是誰。

CHAPTER
5

人 格

雖然人格測驗算是相當新穎的潮流（過去一百
年才開始風行），人類從很久以前就開始透過
不同人格的比較和對照，想辦法認識自己、理
解自己的反應和性情。不管是星座、頭骨隆凸、
體液說（血液、黏液、黃膽汁、黑膽汁）或墨
跡測驗，每個時期都發展出新的模式，來探索
或預測人們的傾向、特徵和回應環境的方式。
如今我們有邁爾斯類型指標（Myers Briggs Type
Indicator）、DISC 人 格 測 驗、九 型 人 格 測 驗
（Enneagram）和十六種人格因素問卷（the 16PF
Questionnaire）等，可以用來進行心理診斷與新
進人員篩選，甚至只是滿足我們對自己的好奇。
在本章的題目裡，我們主要從五大人格特質的角
度來探討人格。五大人格特質指的是驅動行為的
五種核心特徵：經驗開放性（openness）、勤勉認
真性（conscientiousness）、外向性（extraversion）、
友善性（agreeableness）、神經質（neuroticism）。

（**伴侶 A**）

一般態度

1. 只要＿＿＿＿＿＿＿＿＿＿＿＿，另一半的態度就會在
   ＿＿＿＿＿分鐘內改善百分之＿＿＿＿＿。

2. 下列哪個詞語最能描述另一半的政治立場：
   a. 自由派
   b. 中立派
   c. 保守派
   d. 古典自由主義
   e. 民粹主義
   f. 無政府主義

3. （**是／否**）生日或週年紀念驚喜派對能逗另一半開心。

4. 下列哪一項最符合另一半的人生態度：
   a. 杯子半空
   b. 杯子半滿
   c. 杯子三分之二滿
   d. 別想那麼多！

5. 如果有人要求另一半閉上眼睛往後躺，而他背後有五位孔
   武有力的朋友等著扶他，你覺得伴侶有多相信那些朋友：

1	2	3	4	5
○	○	○	○	○

   不信任　　　　　一點信任　　　　　完全信任

6. 下列哪一組答案最適合描述另一半面對生命的先後順序？
　　□ 感受，思維，行動
　　□ 思維，感受，行動
　　□ 行動，思維，感受
　　□ 思維，行動，感受
　　□ 行動，感受，思維

7. （是／否）另一半在井然有序的環境裡最放鬆。

8. 以下五種感官，另一半消遣時最依賴哪一種：
　　a. 味覺　　　　　　b. 觸覺
　　c. 嗅覺　　　　　　d. 聽覺
　　e. 視覺

9. （是／否）壓力最能激發另一半的工作效率。

10. 下列哪個詞語概括另一半的人生準則：
　　a. 自由　　　　　　b. 愛
　　c. 快樂　　　　　　d. 成功
　　e. 責任　　　　　　f. 玩樂
　　g. 服務他人　　　　h. 關係

伴侶 A 總分 _____

（**伴侶 B**）

一般態度

1. 只要＿＿＿＿＿＿＿＿＿＿＿，另一半的態度就會在
＿＿＿＿＿分鐘內改善百分之＿＿＿＿＿。

2. 下列哪個詞語最能描述另一半的政治立場：
   a. 自由派
   b. 中立派
   c. 保守派
   d. 古典自由主義
   e. 民粹主義
   f. 無政府主義

3. （**是／否**）生日或週年紀念驚喜派對能逗另一半開心。

4. 下列哪一項最符合另一半的人生態度：
   a. 杯子半空
   b. 杯子半滿
   c. 杯子三分之二滿
   d. 別想那麼多！

5. 如果有人要求另一半閉上眼睛往後躺，而他背後有五位孔武有力的朋友等著扶他，你覺得伴侶有多相信那些朋友：

1	2	3	4	5
不信任		一點信任		完全信任

6. 下列哪一組答案最適合描述另一半面對生命的先後順序？
   □ 感受，思維，行動
   □ 思維，感受，行動
   □ 行動，思維，感受
   □ 思維，行動，感受
   □ 行動，感受，思維

7. （是／否）另一半在井然有序的環境裡最放鬆。

8. 以下五種感官，另一半消遣時最依賴哪一種：
   a. 味覺   b. 觸覺
   c. 嗅覺   d. 聽覺
   e. 視覺

9. （是／否）壓力最能激發另一半的工作效率。

10. 下列哪個詞語概括另一半的人生準則：
   a. 自由   b. 愛
   c. 快樂   d. 成功
   e. 責任   f. 玩樂
   g. 服務他人   h. 關係

伴侶 **B** 總分 _____

（ **伴侶 A** ）

你們與其他人

1. 用一句話總結另一半看待人類的態度：

_____

_____

2.（是／否）人們經常覺得你的另一半「溫暖又和善」。

3. 社交活動方面，另一半比較喜歡跟誰相處：
   a. 跟另一對伴侶
   b. 跟一大群人
   c. 跟一小群人
   d. 兩人世界

4.（**圈選一項**）另一半希望生活更為冒險／平靜。

5. 另一半認為他／她自己：
   a. 外向
   b. 通常外向
   c. 內向
   d. 通常內向
   e. 中間性格，也就是兼具外向與內向

6.（是／否）另一半能接受跳脫框架的點子。

7. 如果談話中有人超越界限，另一半會：
   a. 抽身離開
   b. 與那人抗衡
   c. 換個話題
   d. 用幽默的話帶過

8. （**圈選一項**）另一半接觸剛認識的人通常採取防衛／開放態度。

9. 另一半曾經在公開場合發生過什麼樣的尷尬事：

   _____

   _____

10. 為了達成目標，另一半會依賴：
    a. 自律
    b. 他人指導
    c. 放鬆時間
    d. 最後期限
    e. 咖啡因

伴侶 A 總分 _____

（伴侶 **B**）

你們與其他人

1. 用一句話總結另一半看待人類的態度：

_____

_____

2. （**是／否**）人們經常覺得你的另一半「溫暖又和善」。

3. 社交活動方面，另一半比較喜歡跟誰相處：
   a. 跟另一對伴侶
   b. 跟一大群人
   c. 跟一小群人
   d. 兩人世界

4. （**圈選一項**）另一半希望生活更為冒險／平靜。

5. 另一半認為他／她自己：
   a. 外向
   b. 通常外向
   c. 內向
   d. 通常內向
   e. 中間性格，也就是兼具外向與內向

6. （**是／否**）另一半能接受跳脫框架的點子。

7. 如果談話中有人超越界限，另一半會：
   a. 抽身離開
   b. 與那人抗衡
   c. 換個話題
   d. 用幽默的話帶過

8. （**圈選一項**）另一半接觸剛認識的人通常採取防衛／開放態度。

9. 另一半曾經在公開場合發生過什麼樣的尷尬事：

   _____

   _____

10. 為了達成目標，另一半會依賴：
    a. 自律
    b. 他人指導
    c. 放鬆時間
    d. 最後期限
    e. 咖啡因

伴侶 B 總分 _____

（**伴侶 A**）

你
們
倆

1. 另一半喜歡你讓他／她：
    a. 經常主導
    b. 偶爾主導
    c. 均分主導權
    d. 把主導權交給你

2. 另一半希望更常激發出你的哪一種性格：

    _____

3. 另一半什麼時間話最多：
    a. 上午
    b. 下午
    c. 晚間
    d. 深夜

4. （**是**／**否**）另一半相信建設性的爭吵能讓你們關係更親密。

5. 另一半傷心時，你做什麼事能讓他／她心情變好：
    a. 說笑話
    b. 擁抱
    c. 跟他／她聊天
    d. 用愛陪伴
    e. 邀他／她做點積極的事

6. (**是／否**) 另一半認為放鬆比挑戰極限更重要。

7. 另一半跟你一起做什麼最開心：
   a. 撫摸
   b. 談天
   c. 靜靜坐著
   d. 一起做有趣的事

8. (**是／否**) 另一半做決定時偶爾會採用星座分析。

9. 另一半在浴室看見哪樣東西會抓狂：

   _____

10. 另一半偷偷希望你：
    a. 讀書給他／她聽
    b. 半夜挑逗他／她
    c. 為他／她買份特別禮物
    d. 為他／她烤餅乾
    e. 為他／她寫情詩

伴侶 A 總分 _____

（伴侶 B）

你們倆

1. 另一半喜歡你讓他／她：
   a. 經常主導
   b. 偶爾主導
   c. 均分主導權
   d. 把主導權交給你

2. 另一半希望更常激發出你的哪一種性格：

   _____

3. 另一半什麼時間話最多：
   a. 上午
   b. 下午
   c. 晚間
   d. 深夜

4. （**是**／**否**）另一半相信建設性的爭吵能讓你們關係更親密。

5. 另一半傷心時，你做什麼事能讓他／她心情變好：
   a. 說笑話
   b. 擁抱
   c. 跟他／她聊天
   d. 用愛陪伴
   e. 邀他／她做點積極的事

6. （**是**／**否**）另一半認為放鬆比挑戰極限更重要。

7. 另一半跟你一起做什麼最開心：
    a. 撫摸
    b. 談天
    c. 靜靜坐著
    d. 一起做有趣的事

8. （**是**／**否**）另一半做決定時偶爾會採用星座分析。

9. 另一半在浴室看見哪樣東西會抓狂：

    _____

10. 另一半偷偷希望你：
    a. 讀書給他／她聽
    b. 半夜挑逗他／她
    c. 為他／她買份特別禮物
    d. 為他／她烤餅乾
    e. 為他／她寫情詩

伴侶 **B** 總分 _____

(回 顧)

這一章你們透過彼此人生觀的比較與對照，
深入了解對方性格上的大小細節。
也藉由這些依據經驗開放性、勤勉認真性、
外向程度、友善性、神經質等五大人格特質設計的題目，
思考彼此的性情與意向。

(你的獎勵)

答題達人獎：
答題達人可以要求另一半根據他／她
在題組二第三題的答案，安排一次社交活動。
比方說，「明天你能不能約朋友跟我們聚一聚？」
或者「我們改天去聽演唱會，
能不能麻煩你買票？」。

CHAPTER

6

朋友與家人

過去我的西班牙裔父親經常提醒我:「告
訴我你跟什麼樣的人走在一起,我就告
訴你你是什麼樣的人」。他用這種方式勸
我別浪費時間跟壞朋友相處:我青少年
時期的朋友似乎全部歸入這一類。儘管
我到現在仍然希望當時他能更看重我那
些朋友,卻也能體會這句西班牙老話隱
藏的智慧。跟我們「走在一起」的人確實
能影響我們,正如我們也能影響他們。

家人的道理也是一樣。不管你們家人之
間關係緊密,一到假期就吵成一團,或極
少對彼此表達感情,我們跟家人朋友的
關係,都會塑造我們的人格。

透過本章的題目,你可以更深入檢視你
和另一半跟什麼樣的人走在一起。

（**伴侶 A**）

我們一家人

1. 另一半希望維持的家族傳統是：

   _____

2. （**是／否**）另一半認為自我犧牲就是對家庭忠誠。

3. 另一半希望出生時父母幫他／她取的名字是：

   _____

4. 你做哪項正面的事會讓另一半想起跟他／她比較親近的父親或母親：

   _____

5. 另一半不想參加哪一項一年一度的家族假期團聚：
   a. 農曆春節
   b. 中秋節
   c. 端午節
   d. 跨年／元旦
   e. 母親節
   f. 父親節
   g. 聖誕節

6. （**圈選一項**）另一半喜歡／討厭貼在汽車後窗玻璃那些代表駕駛人家庭成員的父母孩子小貓小狗貼紙。

7. 另一半多常跟與他／她比較親近的親戚聯絡（包括簡訊、視訊、即時通、電子郵件）？
   a. 每小時
   b. 每天
   c. 每星期
   d. 每個月
   e. 每年

8. 另一半最像他／她哪個親戚：＿＿＿＿＿＿＿＿＿＿＿

9. 另一半覺得小家庭理想人數是：
   a. 二人
   b. 三人
   c. 四人
   d. 五人
   e. 六人
   f. 七人或以上

10. （是／否）另一半經常夢見他／她的家人。

伴侶 A 總分 ＿＿＿＿＿＿＿＿＿＿＿＿＿＿＿＿＿＿

（伴侶 B）

我
們
一
家
人

1. 另一半希望維持的家族傳統是：

   _____

2. （是／否）另一半認為自我犧牲就是對家庭忠誠。

3. 另一半希望出生時父母幫他／她取的名字是：

   _____

4. 你做哪項正面的事會讓另一半想起跟他／她比較親近
   的父親或母親：_____。

5. 另一半不想參加哪一項一年一度的家族假期團聚：
   a. 農曆春節
   b. 中秋節
   c. 端午節
   d. 跨年／元旦
   e. 母親節
   f. 父親節
   g. 聖誕節

6. （圈選一項）另一半喜歡／討厭貼在汽車後窗玻璃那些
   代表駕駛人家庭成員的父母孩子小貓小狗貼紙。

7. 另一半多常跟與他／她比較親近的親戚聯絡（包括簡訊、視訊、
   即時通、電子郵件）？
   a. 每小時
   b. 每天
   c. 每星期
   d. 每個月
   e. 每年

8. 另一半最像他／她哪個親戚：＿＿＿＿＿＿＿＿＿＿＿

9. 另一半覺得小家庭理想人數是：
   a. 二人
   b. 三人
   c. 四人
   d. 五人
   e. 六人
   f. 七人或以上

10. （是／否）另一半經常夢見他／她的家人。

伴侶 B 總分 ＿＿＿＿＿＿＿＿＿＿＿＿＿＿＿＿＿＿＿

（伴侶 A）

維持親密友誼

1. 另一半小學時代最要好的朋友叫什麼名字：
_____

2. （是／否）另一半認為友誼會威脅親密關係。

3. 另一半在朋友哄勸下做過最瘋狂的事情涉及：
   a. 算命／玩錢仙
   b. 剃光頭
   c 參加大胃王比賽
   d 裸泳
   e. 其他：_____

4. （圈選一項）事情不順利的時候，另一半最需要朋友的**關愛／實質建議**。

5. （圈選一項）另一半比較多**老朋友／新朋友**。

6. 另一半目前大多數的朋友都在哪裡認識的？
   a. 社區
   b. 宗教／靈性團體
   c. 高中
   d. 大學／研究所
   e. 辦公室
   f. 其他：_____

7. 另一半有多少最要好的朋友？
   a. 一到三個
   b. 四到六個
   c. 七到九個
   d. 十個或以上

8. 列出一件另一半珍藏的好友贈禮：＿＿＿＿＿＿＿＿＿＿

9. 另一半中學時期經常做什麼事來適應、吸引注意或取得成就感：
   a. 違反規定
   b. 競選學生代表
   c. 測試極限
   d. 藝術創作
   e. 參加比賽
   f. 加入樂團
   g. 成為運動選手
   h. 設計畢業紀念冊或校刊
   i. 其他：＿＿＿＿＿＿＿＿＿＿

10. 另一半小時候第一次有蛋糕有氣球的生日派對是在＿＿＿歲。

伴侶 A 總分 ＿＿＿＿＿＿＿＿＿＿＿＿＿＿＿＿＿＿＿＿

（伴侶 B）

維持親密友誼

1. 另一半小學時代最要好的朋友叫什麼名字：

   _____

2. （是／否）另一半認為友誼會威脅親密關係。

3. 另一半在朋友哄勸下做過最瘋狂的事情涉及：
   a. 算命／玩錢仙
   b. 剃光頭
   c. 參加大胃王比賽
   d. 裸泳
   e. 其他：_____

4. （圈選一項）事情不順利的時候，另一半最需要朋友的**關愛／實質建議**。

5. （圈選一項）另一半比較多**老朋友／新朋友**。

6. 另一半目前大多數的朋友都在哪裡認識的？
   a. 社區
   b. 宗教／靈性團體
   c. 高中
   d. 大學／研究所
   e. 辦公室
   f. 其他：_____

7. 另一半有多少最要好的朋友？
   a. 一到三個
   b. 四到六個
   c. 七到九個
   d. 十個或以上

8. 列出一件另一半珍藏的好友贈禮：_____。

9. 另一半中學時期經常做什麼事來適應、吸引注意或取得成就感：
   a. 違反規定
   b. 競選學生代表
   c. 測試極限
   d. 藝術創作
   e. 參加比賽
   f. 加入樂團
   g. 成為運動選手
   h. 設計畢業紀念冊或校刊
   i. 其他：_____

10. 另一半小時候第一次有蛋糕有氣球的生日派對是在_____歲。

伴侶 B 總分 _____

你剛做的題目是用來測試你對另一半
最重要的人際關係有多少了解，
以及到目前為止所知的一切。
現在正好可以回想一下你挖掘出來的訊息，
感受一下你對另一半的朋友與家人關係
是不是了解得更深入了。

〈 你的獎勵 〉

答題達人獎：
邀約答題達人的朋友聚會，
地點可以是公園、你們家或咖啡館，由他／她決定。
仔細觀察他／她，
看看該如何讓這樣的活動變得更趣味、更歡樂。

旅行

為了成長茁壯，我們每個人都在兩種關鍵需求之間尋求平衡：一是安全的需求，一是自主的需求。小時候為了健全發展，我們需要在與照顧者的人際關係上建立心理學家所謂的「安全堡壘」，必要時可以依靠他們。與此同時，我們也追求新鮮感，一步步探測我們的獨立能力，踏出舒適圈，面對挑戰，在這個世界上拓展我們的掌控感。

長大以後，旅遊是我們持續拓展的方式之一。不管我們去附近鄉鎮，或前往地球的另一端，這種長短程旅行的動力源自我們早期追求發展的努力。我們渴望跳脫自身家庭、社區和文化的限制，這種渴望幫助我們變成真正的自己。哲學家兼作家艾倫‧狄波頓（Alain de Botton）說過：「人類只有在動手撼搖牢籠的柵欄後，才會變得有趣。」透過本章的題目，你會深思旅行這件事，探討旅行對你和伴侶代表什麼意義。

（**伴侶 A**）

常
態
旅
行

1. 另一半幻想旅行時，想到的通常是：_____

2. 為免長途搭車枯燥乏味，另一半會：
   a. 戴耳機聽音樂／廣播
   b. 車上唱歌
   c. 看網路影片
   d. 看書
   e. 欣賞風景
   f. 拿手機上社群網站

3. （**是／否**）另一半覺得自己是好相處、配合度高的旅伴。

4. 另一半前一次的愜意散步是在：
   a. 住家附近
   b. 公園
   c. 購物中心
   d. 海灘
   e. 跑步機

5. 另一半偏好的旅行方式是：
   a. 火車／巴士／捷運
   b. 走路
   c. 渡輪
   d. 自行車
   e. 汽車
   f. 機車
   g. 飛機

6. 哪個特定的戶外或室內地點可以讓另一半心情平靜：
   a. 餐廳／小館
   b. 河濱／湖畔／海邊長椅
   c. 咖啡館窗邊
   d. 樹林裡
   e. 屋頂或安全梯

7. 另一半近期內跟陌生人聊過什麼有趣話題：
   a. 天氣　　　　　　　　b. 政治
   c. 哲學　　　　　　　　d. 食物
   e. 運動　　　　　　　　f. 音樂

8. 另一半為了紓壓從事導引觀想時，會想像自己：
   a. 躺在吊床上
   b. 聽鳥叫聲
   c. 聞野花的香氣
   d. 漂浮在水面上
   e. 其他：＿＿＿＿＿＿＿

9. （是／否）另一半喜歡傑克・凱魯亞克（Jack Kerouac）的書《在路上》（*On the Road*）。

10. 另一半小時候常去的特殊地點是：＿＿＿＿＿＿＿

伴侶 A 總分 ＿＿＿＿＿＿＿＿＿＿＿＿＿＿＿＿＿

（伴侶 B）

常態旅行

1. 另一半幻想旅行時，想到的通常是：＿＿＿＿＿＿

2. 為免長途搭車枯燥乏味，另一半會：
   a. 戴耳機聽音樂／廣播
   b. 車上唱歌
   c. 看網路影片
   d. 看書
   e. 欣賞風景
   f. 拿手機上社群網站

3. （是／否）另一半覺得自己是好相處、配合度高的旅伴。

4. 另一半前一次的愜意散步是在：
   a. 住家附近
   b. 公園
   c. 購物中心
   d. 海灘
   e. 跑步機

5. 另一半偏好的旅行方式是：
   a. 火車／巴士／捷運
   b. 走路
   c. 渡輪
   d. 自行車
   e. 汽車
   f. 機車
   g. 飛機

6. 哪個特定的戶外或室內地點可以讓另一半心情平靜：
   a. 餐廳／小館
   b. 河濱／湖畔／海邊長椅
   c. 咖啡館窗邊
   d. 樹林裡
   e. 屋頂或安全梯

7. 另一半近期內跟陌生人聊過什麼有趣話題：
   a. 天氣　　　　　　　b. 政治
   c. 哲學　　　　　　　d. 食物
   e. 運動　　　　　　　f. 音樂

8. 另一半為了紓壓從事導引觀想時，會想像自己：
   a. 躺在吊床上
   b. 聽鳥叫聲
   c. 聞野花的香氣
   d. 漂浮在水面上
   e. 其他：_____

9. （**是／否**）另一半喜歡傑克・凱魯亞克（Jack Kerouac）的書《在路上》（*On the Road*）。

10. 另一半小時候常去的特殊地點是：_____

伴侶 B 總分 _____

（伴侶 A）

我想去的地方

1. 另一半最想帶你去哪裡？
   a. 亞洲　　　　b. 非洲
   c. 北美　　　　d. 南美
   e. 南極　　　　f. 歐洲
   g. 澳洲　　　　h. 其他

2. 哪一趟旅行改變另一半的人生：_____

3. 前往沒去過的異國旅行時，另一半喜歡：
   a. 預先安排，無所遺漏
   b. 安排部分事項（例如訂好機票和飯店）
   c. 買張單程機票放飛
   d. 一切隨緣

4. 在荒島上，另一半會希望有哪三樣物品：

   _____

   _____

   _____

5. 另一半喜歡用什麼方式記錄旅遊見聞：
   a. 日記或寫作
   b. 照片
   c. 寄電子郵件給朋友或在社群網站分享
   d. 繪畫／素描
   e. 只靠回憶

6. 另一半在遠方吃過哪樣最不尋常的食物：_____

7. 如果另一半可以在羅馬、伊斯坦堡或巴黎停留一天，他／她會：
   a. 深入研究某個古老地標
   b. 參觀越多知名地標越好
   c. 不管地標，漫無目的到處走
   d. 找家咖啡館或餐館坐下來看人

8. （**圈選一項**）另一半偏愛**靠窗**／**靠走道**座位。

9. 如果另一半要去陌生地方旅行兩星期，他／她會帶：
   a. 背包
   b. 登機箱
   c. 一個大行李箱和一個登機箱
   d. 多個行李箱、多個登機箱

10. 另一半在海外（或陌生地點）碰過最古怪的事情是：

_____

伴侶 A 總分 _____

（伴侶 B）

我想去的地方

1. 另一半最想帶你去哪裡？
   a. 亞洲　　　　b. 非洲
   c. 北美　　　　d. 南美
   e. 南極　　　　f. 歐洲
   g. 澳洲　　　　h. 其他

2. 哪一趟旅行改變另一半的人生：＿＿＿＿＿＿＿＿

3. 前往沒去過的異國旅行時，另一半喜歡：
   a. 預先安排，無所遺漏
   b. 安排部分事項（例如訂好機票和飯店）
   c. 買張單程機票放飛
   d. 一切隨緣

4. 在荒島上，另一半會希望有哪三樣物品：

   _____

   _____

   _____

5. 另一半喜歡用什麼方式記錄旅遊見聞：
   a. 日記或寫作
   b. 照片
   c. 寄電子郵件給朋友或在社群網站分享
   d. 繪畫／素描
   e. 只靠回憶

6. 另一半在遠方吃過哪樣最不尋常的食物：_____

7. 如果另一半可以在羅馬、伊斯坦堡或巴黎停留一天，他／她會：
   a. 深入研究某個古老地標
   b. 參觀越多知名地標越好
   c. 不管地標，漫無目的到處走
   d. 找家咖啡館或餐館坐下來看人

8. （**圈選一項**）另一半偏愛靠窗／靠走道座位。

9. 如果另一半要去陌生地方旅行兩星期，他／她會帶：
   a. 背包
   b. 登機箱
   c. 一個大行李箱和一個登機箱
   d. 多個行李箱、多個登機箱

10. 另一半在海外（或陌生地點）碰過最古怪的事情是：

   _____

伴侶 **B** 總分 _____

　　不管是去小鎮、城市或各國（或其他洲），
你已經在本章中根據經驗猜測另一半旅行過的地方，
　　或他／她外出旅遊時的行為模式。
　你可能也了解了他／她在旅行方面的夢想和怪癖，
　　　　比如探索荒島必備物品，
　　或他／她在國外遇見過最怪異的事。

────────（ 你的獎勵 ）────────

答題達人獎：

答題達人可以從下列三種「旅行探險」之中挑選一項（或
自行創造）：

1、邀請另一半前往當地你最想去的「放鬆」地點（題組
　　一第六題）。

2、一起規劃行程，前往你在題組二第一題提到的地方（比
　　如，「下個月陪我去大峽谷」）。

3、躺在客廳地板上，另一半根據你在題組一第八題的答
　　案引導你觀想。

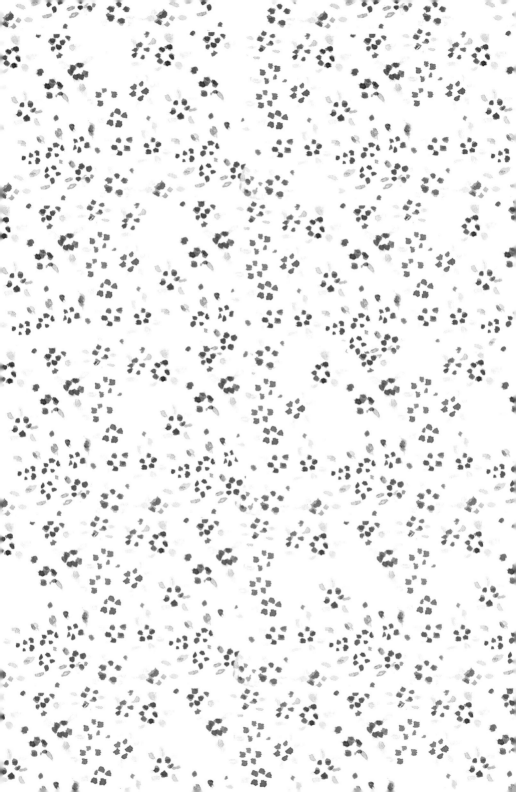

PART

（2）

我 們 一 起

第一部分你和伴侶各自作答，各自回答題目計分，贏得答題達人獎（或純粹享受答題的樂趣）。到了第二部分情況有點不同。在接下來各章裡，同樣的題組不會重複出現，你和另一半必須一起答題，體驗兩人合作回答問題的樂趣。為了區別你們的答案，我建議你們各自使用不同顏色的筆，也不要中途換顏色。

還記得小學戶外教學時的兩人三腳遊戲嗎？你跟最要好的同學把腳踝綁在一起，跟跟蹌蹌奔過草地衝向終點。這裡的道理是一樣的：你們可以輪流拿書和計分，只是，要想得分，你跟另一半必須共同參與，回答每一道題。沒有「正確」答案，得分的依據是主動進取與貫徹到底。發揮團隊精神，保持參與度，一起跨越終點線吧！

每一章最後的「你們的獎勵」單元還是有「答題達人獎」，只是，現在這個獎是兩人共同獲得。如果另一半喜歡自己設計獎勵方式，那就這麼做。當然，你們還是可以選擇略過這個單元。對某些伴侶而言，單純回答問題，增進彼此的了解，就已經是很好的獎勵了。

最 優 秀 的 特 質

保持真實面目有時並不容易。科技和社群
媒體強化我們的自我懷疑和不安全感,迫
使我們很多人在追隨者、好友或同事眼前
呈現「完美」形象。持續建構並維持迷人、
成功或幸福的表象,可能會變成我們面對
生命的預設值。有時候,只有跟親密伴侶
相處,我們才擁有放鬆做自己的可靠心靈
空間。

事實上,我們本身最重要的面向並不需要
加強、過濾或編修。即使我們沒有達到自
己或他人的預期、碰上倒楣事或暴露缺點,
知道另一半在這種情況下還是能看見我們
的優秀特質,是很大的安慰。

有時理論上我們知道自己最美好的特質,
卻會在日常生活中忘記自己的特別之處。
在伴侶關係裡,我們有機會在另一半欣賞
的目光裡看見自己的優點,並且學會珍視
另一半人格上與我們南轅北轍的面向。

看見你最好的一面

1. 我覺得我最大的優點是：

   伴侶 A _____

   伴侶 B _____

2. 你覺得我最大的優點是：

   伴侶 A _____

   伴侶 B _____

3. 圈選最有助於伴侶關係長長久久的五種特質。

忠實	善良	有條理
信任	好奇	守分際
盡責	理解力	愛乾淨
自制	尊重	有話直說
勇氣	專注	獨立
自我疼惜	傾聽	脆弱
耐心	同理心	謙虛

4. 回到第三題，在最重要那個選項前畫個星號。

5. （是／否）表現情感的脆弱面一點都不難。

6. 近期我什麼時候展現出你在第二題寫的優點：

   伴侶 A _____

   伴侶 B _____

7. 小時候，身邊哪個人以身作則表現出我在第三題畫了星號那個特質：

伴侶 A _____

伴侶 B _____

8. （**是／否**）如果是真愛，伴侶關係的運作就會像充分潤滑的機器。

9. 圈選一項在伴侶關係中不算必要的特質。

忠實	善良	有條理
信任	好奇	守分際
盡責	理解力	愛乾淨
自制	尊重	有話直說
勇氣	專注	獨立
關愛自己	傾聽	脆弱
耐心	同理心	謙虛

10. 伴侶關係中，我們雙方都需要培養以下哪一項重要特質：

a. 耐心

b. 自我疼惜

c. 脆弱

d. 誠實

e. 其他：_____

別
人
眼
中
的
我
們

1. 我覺得別人看得見我們激發出彼此哪一項特質：
   a. 積極　　　　　b. 思想開明　　　　c. 耐心
   d. 善良　　　　　e. 其他：＿＿＿＿＿＿＿＿＿＿

2. 小時候照顧我的人對我的三項正面描述：

   伴侶 A　　　　　　　　　伴侶 B

   ＿＿＿＿＿＿＿＿＿　　　＿＿＿＿＿＿＿＿＿

   ＿＿＿＿＿＿＿＿＿　　　＿＿＿＿＿＿＿＿＿

   ＿＿＿＿＿＿＿＿＿　　　＿＿＿＿＿＿＿＿＿

3. 以下哪一組互補特質對我們的關係有所幫助：
   □ 懂變通／有組織　　　　　□ 謹慎／大方
   □ 獨善其身／慈悲　　　　　□ 直率／圓滑
   □ 其他：＿＿＿＿＿＿＿＿＿＿＿＿

4. 我的哪一種特質是因為別人的批評，才發展得更明顯：

   伴侶 A　＿＿＿＿＿＿＿＿＿＿＿＿＿＿＿＿

   伴侶 B　＿＿＿＿＿＿＿＿＿＿＿＿＿＿＿＿

5. 老師、上司或上位者曾經給我的三種讚美：

   伴侶 A　　　　　　　　　伴侶 B

   ＿＿＿＿＿＿＿＿＿　　　＿＿＿＿＿＿＿＿＿

   ＿＿＿＿＿＿＿＿＿　　　＿＿＿＿＿＿＿＿＿

   ＿＿＿＿＿＿＿＿＿　　　＿＿＿＿＿＿＿＿＿

6. （是／否）我擅長把批判的評語聽成有益的回饋。

7. 成長過程中我曾經聽過哪一句傷人的話：
   a. 你不夠好　　　b. 你太超過
   c. 你太敏感　　　d. 你很壞
   e. 你是累贅　　　f. 其他：_____

8. 我做了什麼證明那句傷人的話不對：
   a. 過度自責
   b. 麻痺自己
   c. 想辦法變完美
   d. 變得愛操控
   e. 其他：_____

9. 我可以對自己說哪一句自我激勵的話：
   a. 即使不完美，也會有人愛你
   b. 不需要害怕犯錯和學習
   c. 別人看重的是真實的你
   d. 你不需要為別人負責
   e. 可以放手信任別人
   f. 其他：_____

10. 跟你相處時，我在什麼心情下最能展現出最好的一面：
    伴侶A _____
    伴侶B _____

激發出彼此最好的一面

1. 圈選我們當初吸引對方的三項特質：

善良　　　　　魅力　　　　　寬慰

積極　　　　　真誠　　　　　可靠

專注　　　　　吸引力　　　　體貼

雄心壯志　　　認真嚴肅　　　尊重人

幽默　　　　　善交際　　　　正直

2. 你今天做的這件事顯露第一題的某項特質：

伴侶 A ＿＿＿＿＿＿＿＿＿＿＿＿＿＿＿

伴侶 B ＿＿＿＿＿＿＿＿＿＿＿＿＿＿＿

3. 這件事幫助我用最正面的角度看待我們的關係。

a. 共度時光

b. 經常用肢體語言表達愛意

c. 分享思緒和感受

d. 一起去探險

e. 其他：＿＿＿＿＿＿＿＿＿＿＿＿＿＿＿

4. （是／否）我壓力大的時候工作效率最高。

5. 我們久別重逢後，最能讓我重新與你建立連結的是：

a. 沒有任何期待地跟你相處十分鐘

b. 長時間擁抱

c. 你看著我的眼睛對我說，「我想你。」

d. 輕鬆閒聊

e. 其他：＿＿＿＿＿＿＿＿＿＿＿＿＿＿＿

6. （**是**／**否**）我們拜訪對方家人時，只要事先商量應對措施，
情況就會好得多。

7. 我們拿自己跟其他伴侶比較。
   a. 始終
   b. 經常
   c. 偶爾
   d. 從不

8. 什麼情況下我最難在你面前展現最好的一面：
   a. 睡眠不足
   b. 肚子餓
   c. 欠缺連結
   d. 缺少空間
   e. 壓力
   f. 生病

9. 我脾氣失控的時候，你簡單說或做什麼就能讓我恢復正常：

   伴侶 A _____

   伴侶 B _____

10. 我們一起做哪件事好像可以激發彼此最好的一面：

   伴侶 A _____

   伴侶 B _____

你們透過這一章思考自己的優點。
你們也探討了自己覺得什麼樣的特質有助於關係長久。
情路未必永遠幸福美滿，
你們也意識到各自還可以往哪些方向繼續進步，
以便創造更和諧的親密關係，同時變成更好的自己。

───────（ 你們的獎勵 ）───────

答題達人獎：

拿一枚硬幣，選定誰是人頭、誰是字。
擲出硬幣，哪一面向上，
那個人可以進行另一半在題組三第十題
「我們一起做哪件事好像可以激發彼此最好的一面」的答案。
比方說，你們可以說，「我們明天晚上去看電影」或
「半小時後出去散步，體驗大自然」。

親 密 感

每一對伴侶都說想要親密感。欠缺親密感的
時候他們察覺得到，擁有親密感的時候卻很
難感受它的存在。相伴數十年的伴侶偶爾會
埋怨彼此之間缺少親密感，或者對於親密感
如何產生、如何磨損看法兩極。我的另一半
辦得到嗎？我辦得到嗎？另外，親密感經常
成為性愛的代名詞，導致它的真正意義更為
混淆糾葛。只是，性愛未必伴隨親密感，當
然，親密感也不是非性愛不可。

親密感不是某種外在事物。它是用來衡量我
們以不同方式理解他人和被他人理解的能
力，是好奇心、信任感、勇氣、感受性等個人
特質與情緒狀態之間千變萬化的交互作用。

我認為親密感是關係中的超級力量，我們越
了解自己、了解自己的感受與想法和背後的
原因，它在我們內心就越壯大。而這一切都
發生在我們和其他人、和周遭世界的關係
裡。我們越能夠了解自己，就越能被別人了
解，也越能了解另一個人。

情
感
上
的
親
密

1. （是／否）我相信親密感和隱私不能共存。

2. 我記得我們第一次真正感到親密的時刻是在：

伴侶 A ＿＿＿＿＿＿＿＿＿＿＿＿＿＿＿＿＿

伴侶 B ＿＿＿＿＿＿＿＿＿＿＿＿＿＿＿＿＿

3. （複選）我每天做什麼事來掌握自己的感受：

□ 冥想　　　　　　　　□ 閱讀增進思考的書

□ 散步／健行／跑步　　□ 做瑜伽

□ 寫日記　　　　　　　□ 禱告

□ 其他：＿＿＿＿＿＿＿＿＿＿＿＿＿＿＿

4. 我跟你在一起的時候，對軟弱的承受力，從 1 到 5：

```
1        2        3        4        5
O--------O--------O--------O--------O
```

無法承受　　　　　　　　　　　　非常自在

5. （是／否）你想跟我說些私人或太感性的話題時，我
希望你先問問我有沒有時間聽。

6. 我最難接受的情緒是：

a. 無助　　　　b. 哀傷

c. 生氣　　　　d. 罪惡感

e. 焦慮　　　　f. 孤單

g. 其他：＿＿＿＿＿＿＿＿＿＿＿＿＿＿

7. 我沒辦法向你開誠布公，是因為我害怕：
   a. 做過頭
   b. 做得不夠
   c. 被批判
   d. 被拋棄
   e. 其他： _____

8. 除了言語之外，我還用什麼方式向你表達內心感受：
   伴侶 A _____
   伴侶 B _____

9. （**複選**）我覺得這種情況下跟你最親密：
   □ 我看見／感覺到／意識到／聽見你有多需要我
   □ 你在我面前展露某些「比較不被接受」的情緒
     （恐懼、哀傷、羞愧、憤怒等）
   □ 我們全心全意陪伴對方
   □ 我們一起化解歧見
   □ 你發揮同理心聽我說話，不會想辦法「指正」我
   □ 其他： _____

10. 情感上跟你親近會增強我的：
    伴侶 A _____
    伴侶 B _____

身體上的親密

1. 我喜歡你用以下這種方式輕鬆撫摸我：

   伴侶 A _____

   伴侶 B _____

2. 在某種形式的性愛／感官接觸後，我最喜歡做的是：
   a. 抱著你／躺在你的臂彎裡
   b. 獨處片刻
   c. 聊聊天
   d. 其他：_____

3. （是／否）伴侶之間應該直覺地知道如何挑逗對方的情慾。

4. 我渴望你更常碰觸我身體的這個部分：

   伴侶 A _____

   伴侶 B _____

5. 我猜你渴望碰觸我身體的這個部分：

   伴侶 A _____

   伴侶 B _____

6. 通常我不喜歡你摸我這個地方：

    a. 脖子

    b. 手臂

    c. 頭

    d. 臉頰

    e. 其他：_____

7. 哪種逆境（生病、意外事故）能增進我們的親密感：

    _____

8. 哪件事也許能讓我覺得肉體上跟你更親近：

    a. 手牽手

    b. 對望

    c. 更常擁抱

    d. 並肩走路（而非一前一後）

    e. 其他：_____

9. 我想跟你一起做這件可笑的性感活動：

    伴侶 A _____

    伴侶 B _____

10. （是／否）我們需要多練習，養成經常撫摸對方的習慣。

付
諸
行
動
的
親
密

1. 從 1 到 5 評量週六上午可以做的活動，1 是「沒興趣」，5 是「非常感興趣」。

伴侶 A ＿＿＿＿＿＿，伴侶 B ＿＿＿＿＿＿ 散步／健行

伴侶 A ＿＿＿＿＿＿，伴侶 B ＿＿＿＿＿＿ 淋浴或泡澡

伴侶 A ＿＿＿＿＿＿，伴侶 B ＿＿＿＿＿＿ 煮早午餐

伴侶 A ＿＿＿＿＿＿，伴侶 B ＿＿＿＿＿＿ 性感打扮

伴侶 A ＿＿＿＿＿＿，伴侶 B ＿＿＿＿＿＿ 跟朋友聚聚

伴侶 A ＿＿＿＿＿＿，伴侶 B ＿＿＿＿＿＿ 做園藝

伴侶 A ＿＿＿＿＿＿，伴侶 B ＿＿＿＿＿＿ 桌遊

2. 我喜歡我們性生活之中的這個面向：

伴侶 A ＿＿＿＿＿＿＿＿＿＿＿＿＿＿＿＿＿

伴侶 B ＿＿＿＿＿＿＿＿＿＿＿＿＿＿＿＿＿

3. 我沒體驗過、但可能會喜歡的浪漫行為是：

   a. 收到情書
   b. 一起淋浴或泡澡
   c. 在汽車後座親熱
   d. 讓你幫我刮鬍子／腿毛
   e. 其他：＿＿＿＿＿＿＿＿＿＿＿＿＿

4. 跟你在一起時我最喜歡的「親密稱呼」是：

伴侶 A ＿＿＿＿＿＿＿＿＿＿＿＿＿＿＿＿＿

伴侶 B ＿＿＿＿＿＿＿＿＿＿＿＿＿＿＿＿＿

5. （**是**／**否**）如果我冒險提出來，你也許願意在床上做點新嘗試。

6. 如果我們剛好都想跳支慢舞，你可能會選的歌是：

   伴侶 A _____

   伴侶 B _____

7. 我避免跟你親近的方法之一是：
   a. 寧可瞎猜也不問你
   b. 找事做
   c. 向你傾訴情感
   d. 壓抑自己的感受

8. 我們關係處於低潮的時候，什麼能讓我們更親近：

   _____

9. 我喜歡聽你說這句親密的話：

   伴侶 A _____

   伴侶 B _____

10. 在公共場合，我喜歡你用這種方式維持我們的親密感：
    a. 捏我的手
    b. 突然吻我
    c. 悄聲說「我愛你」
    d. 面帶笑容跟我四目相對

這一章我們探討了你們關係之中
情感與肉體親密度的某些細節,
我們也找出某些增進你們親密感的行為、言語、
詞彙和活動。

──────────〈 你們的獎勵 〉──────────

答題達人獎：
看看題組三第三題你們用不同顏色的筆勾選的浪漫行為。
在接下來十二到二十四小時（或雙方共同約定的時間裡）,
你們兩個都要無預警地為另一半做這件事。
如果另一半勾選的是「收到情書」,
你可以寫一封真情流露的情書,塞在他／她的枕頭下,
或夾在他／她的汽車雨刷下。
如果你勾選的是「一起淋浴或泡澡」,
那麼你可以在睡前問他／她要不要一起共浴。

我 們 的 過 去

你跟另一半是上星期在交友APP認識墜入愛河的嗎？或者你們五十年前在畢業舞會上一吻定情？無論你們在一起的時間多短或多長，幾乎所有的親密關係都有個根本事實，簡單來說：只要你跟另一半在一起，你們都是跟另一個人在一起。

這點在你看來好像明顯得叫人想不通：「我當然是跟另一個人在一起。」然而，過去十四年來我輔導過許多伴侶，協助他們經營親密關係，我可以肯定地告訴你，親密伴侶之間會發生的某些重大問題，都是因為他們經常且持續「忘記」伴侶不是另一個自己。每一對伴侶之中的個體，百分之百是他們自己……也有權做他們自己！這不代表有誰需要忍受有害的、侵略性的行為。這意思是說，我們把自己的存在方式強加在另一個人身上，認為這是「唯一」或「正確」的方式，對彼此的關係沒有一點幫助。

兩個相愛的人除了個性、態度、人格、作風和外表的不同，還有另一個重要區別，那就是你們的過去。接下來我們要探討你的過去如何影響你，也探討目前你們彼此之間如何相互挑戰、共同成長，成為更大的整體。

我們怎麼認識的

1. 我到現在還記得我們第一次見面那天這個難忘的時刻：

   伴侶 A _____

   伴侶 B _____

2. 一開始我在這方面對你判斷有誤：
   a. 你的智力
   b. 你的幽默感
   c. 你的審美能力
   d. 你的正直
   e. 你的慷慨
   f. 其他：_____

3. 剛開始我們在哪方面互相吸引：
   a. 情感上
   b. 肉體上
   c. 智力上
   d. 精神上

4. 如果時光可以倒流，讓我們重新回到初見面那一刻，我做這件事的方式可能會改變：

   伴侶 A _____

   伴侶 B _____

5. （是／否）我們都可以為了看新的《星際大戰》電影耐心排隊。（編註：或任何一部新電影的續集，不一定是《星際大戰》）

6. （**圈選一項**）回想起來，我寧可**提早幾個月／晚幾個月**遇見你。

7. 如果第一次約會可以重來，我會：
   a. 表現得更脆弱
   b. 更早吻你
   c. 更隨興
   d. 告訴你你有多迷人
   e. 多問你問題，更專注聽你說話
   f. 更真誠地回答你的問題
   g. 其他：＿＿＿＿＿＿＿＿＿＿＿＿＿＿＿＿

8. 我相信你發現我這個怪癖，會覺得很可愛。

   伴侶 **A** ＿＿＿＿＿＿＿＿＿＿＿＿＿＿＿＿＿＿

   伴侶 **B** ＿＿＿＿＿＿＿＿＿＿＿＿＿＿＿＿＿＿

9. 我們能夠相遇，誰的功勞比我們想像中多？
   a. 某個家人
   b. 某個朋友
   c. 某個同事
   d. 某個認識的人
   e. 某個陌生人
   f. 其他：＿＿＿＿＿＿＿＿＿＿＿＿＿＿＿＿

10. 我們因為哪個特別的活動相遇？

    伴侶 **A** ＿＿＿＿＿＿＿＿＿＿＿＿＿＿＿＿＿

    伴侶 **B** ＿＿＿＿＿＿＿＿＿＿＿＿＿＿＿＿＿

我們的「第一次」

1. 我第一眼就喜歡你這一點：
   a. 笑容　　　　b. 幽默感
   c. 味道　　　　d. 熱情
   e. 美德　　　　f. 自信
   g. 吸引力　　　h. 善良
   i. 其他：_____

2. （圈選一項）第一次吃醋的時候，我放在心裡／告訴你。

3. 我們第一次玩競爭性遊戲時，我記得你：
   a. 大開殺戒
   b.「好意」退讓
   c. 篡改規則
   d. 公然作弊
   e. 其他：_____

4. 我覺得你第一次真正「看見」我是在：

   伴侶 A _____

   伴侶 B _____

5. 如果我們困在時空連續體裡，我要無止境重新經歷我們的第一次約會／無止境重新體驗我們上一次美好的性愛。

6. 你第一次見我家人時，喜歡他們哪一點？

   伴侶 A _____

   伴侶 B _____

7. 我們之間最難忘的深情「第一次」是：
   a. 我們之中有個人生病，另一個照顧他／她
   b. 聽你說夢話
   c. 大吵一架後和好
   d. 第一次說出對彼此的感覺
   e. 其他：＿＿＿＿＿＿＿＿＿＿＿＿＿＿

8. （**是**／**否**）我記得你第一次幫我擦眼淚的情景。

9. 連接兩件事和發生場所（也可以加入你們自己的選項）。
   （如果你能答出左欄所有事件的地點，多得一分。）

   第一次接吻　　　　　　　電影院
   第一次難忘的道歉　　　　街道上
   第一次見對方家人　　　　餐館
   第一份有意義的禮物　　　你的住處
   第一次稱呼對方男／女朋友　我的住處

   ＿＿＿＿＿＿＿＿＿　　　＿＿＿＿＿＿＿＿＿

   ＿＿＿＿＿＿＿＿＿　　　＿＿＿＿＿＿＿＿＿

   ＿＿＿＿＿＿＿＿＿　　　＿＿＿＿＿＿＿＿＿

   ＿＿＿＿＿＿＿＿＿　　　＿＿＿＿＿＿＿＿＿

10. （**是**／**否**）我清楚記得我們第一次笑到流眼淚。

我們學到了什麼

1. 我們認識到現在，你最讓我驚訝的是：

伴侶 A _____

伴侶 B _____

2. 意圖控制對方，結果往往是：
a 情感疏離
b. 傷感情
c. 自我批判與責怪
d. 看不見對方的需要
e. 其他：_____

3. 我在情感上疏遠你的時候，你的反應是：

伴侶 A _____

伴侶 B _____

4. 我從你身上學到哪件事很實用：
a. 怎麼把番茄醬從瓶子裡倒出來
b. 怎麼鋪床
c. 怎麼包裝禮物
d. 更善於理財
e. 不再分不清洗碗精和洗碗機清洗劑
f. 知道個人衛生很重要
g. 學會留備用鑰匙
h. 其他：_____

5. 我們第一次令彼此失望透頂之後，兩人都成長了，因為：

    a. 更加了解對方

    b. 看穿自己的心理投射

    c. 放棄不切實際的期待

    d. 醒悟到我們是兩個不同的個體

6. （是／否）房子起火時，我們兩個會衝進去救的東西是寵物。

7. 我們彼此建立連結的最大阻礙是：

    a. 工作與生活界線不明

    b. 忽視我們本身以及我們的關係美好的一面

    c. 規避衝突

    d. 溝通不良與誤解

    e. 其他：_____

8. 你穿戴過最古怪的配件、首飾或衣服是：

    伴侶 A _____

    伴侶 B _____

9. （是／否）這段關係中我們的權力相當均衡。

10. 我認為你最基本的需要是：

    a. 受到重視   b. 說的話被聽見

    c. 受到尊重   d. 受到保護

    e. 擁有自由   f. 可以玩樂

在這一章裡你們重返了當初相遇的情景
和某些重要的第一次。
回想相識之初那些甜蜜、有趣或溫柔的小事，
能讓你們更懂得讚賞彼此，
讚賞兩人共同建立的一切。

你們的獎勵

答題達人獎：
查一下行事曆，
找個時間重回你們最難忘的「第一次」的地點。
也許是電影院、餐廳、小館、旅舍、地鐵月台或超市走道。
你們商量好要去的地方以後，
翻到題組一查看第七題的答案，
將你們很遺憾當時沒有付諸行動的行為表現出來。

CHAPTER
11

我 們 的 現 在

艾克哈特·托勒（Eckhart Tolle）在《當下的力量》（*The Power of Now*）裡寫道：「你越是專注在時間——過去與未來——就越容易錯過當下，而當下是世上最珍貴的東西。」作為一對伴侶，你們的「當下」就是現在：你們就是現在的你們，世界是現在的世界。這不代表你們不能檢討需要改進的地方，修正你不喜歡的面向（比如本章題組三探討你們在關係中的成長機會）。把時間投注在當下，只是代表你有意識地放慢腳步，體驗自己的生命。

你回答本章的題目時，不一定要把靈性覺醒列為優先達成的目標（不過你願意的話也無妨）。認識真正的自己、了解彼此的互補，知道這段關係哪些方面令你們滿意，能為你們帶來與日俱增的好處。當你把覺知放在生而為人每一時每一刻的體驗，你的身體就能擺脫慣性懊悔或掙扎導致的緊繃感，幫助你吸納生命提供給你的美好事物。

我
們
合
適
得
像
……

1. 我們的不同點在以下方面更有互補作用:
   a. 政治
   b. 性
   c. 社會生活
   d. 職業上
   e. 人格方面
   f. 財務

2. 最適合用來形容我們的成語是:
   a. 不是冤家不聚頭
   b. 物以類聚
   c. 靈魂伴侶
   d. 水火不容
   e. 一見鍾情
   f. 天賜良緣
   g. 形影不離

3. (是/否) 面對壓力時,我們的反應常會相互抗衡。

4. (圈選) 我自己沒有、卻在你身上看見的正面特質是:

幽默感	能力	決心
不迷信	聰明	專業技能
樂觀	社交能力	信任
懷抱希望	魅力	不畏艱難
寬大	才華	意志堅定
力量	慷慨	勇氣

5. 我近期展現第四題某項特質是在：

伴侶 A _____

伴侶 B _____

6. (**圈選**) 我們偶爾使用彼此的哪些物品：

汽車	機車	信用卡
牙刷	毛毯	衣櫥
牙膏	襪子	衣架
床	沙發	梳妝台
皮帶	電腦	外套
刮鬍刀	杯子	抽屜
自行車	冰箱	

7. (**複選**) 下列哪些事多半是你做的，因為我不喜歡？

☐ 開車接送你　　☐ 組裝家具
☐ 驅蟲　　　　　☐ 採買日用品
☐ 報稅　　　　　☐ 其他：
☐ 算小費　　　　　_____

8. 最適合用來形容我們的季節組合是：

a. 夏天／秋天

b. 秋天／春天

c. 春天／夏天

d. 冬天／夏天

e. 冬天／冬天

f. 其他：_____

9. （**勾選及補充**）代表我們的關係的特殊調酒裡應該放
   進哪些材料：

	伴侶 A	伴侶 B
氣泡水	☐	☐
櫻桃糖漿	☐	☐
萊姆汁	☐	☐
鹽	☐	☐
糖	☐	☐
冰	☐	☐
咖啡酒	☐	☐
龍舌蘭酒	☐	☐
蘭姆酒	☐	☐
伏特加	☐	☐
可樂	☐	☐
墨西哥辣椒	☐	☐
檸檬皮	☐	☐
薄荷	☐	☐
果汁	☐	☐
葡萄酒	☐	☐
_____	☐	☐
_____	☐	☐
_____	☐	☐

10. 我會為這杯特殊的「我倆」調酒取名（比如「櫻桃冰火球」）叫：

伴侶 A ＿＿＿＿＿＿＿＿＿＿＿＿＿＿＿＿＿

伴侶 B ＿＿＿＿＿＿＿＿＿＿＿＿＿＿＿＿＿

此
刻
的
我
們

1. （**圈選一項**）我們之間的連結主要建立在**完整性／相互依賴**。

2. 如果我們收到的禮物是一千顆生物分解手工絨球，我們可能拿它們來：
   a. 放進浴缸，一起脫光衣服跳進去
   b. 從屋頂上扔下來，大喊「下絨球了！」
   c. 把它們放在別人的擋風玻璃上，附帶字條寫著「和平絨球」
   d. 用線串起來裝飾我們的家
   e. 其他：＿＿＿＿＿＿＿＿＿＿＿＿＿＿＿＿＿＿

3. （**是／否**）我們兩個都是模仿黑猩猩的高手。

4. 我覺得你最喜歡的季節哪方面最讓你開心：

   伴侶 A ＿＿＿＿＿＿＿＿＿＿＿＿＿＿＿＿＿＿＿

   伴侶 B ＿＿＿＿＿＿＿＿＿＿＿＿＿＿＿＿＿＿＿

5. 這段關係最令我們驕傲的是：
   a. 我們願意傾聽彼此
   b. 我們如何處理歧見
   c. 我們爭吵後如何修補
   d. 我們如何處理彼此的問題
   e. 其他：＿＿＿＿＿＿＿＿＿＿＿＿＿＿＿＿＿＿

6. （**是／否**）有時候──即使只有一兩秒──我們允許自己荒謬地、瘋狂地感恩對方的存在。

7. 這種感覺只存在你我之間，跟別人不可能體驗得到。
   a. 信任　　　　b. 愛
   c. 安全感　　　d. 耐心
   e. 幸福　　　　f. 覺得什麼都有可能
   g. 彼此尊重　　h. 接受改變
   i. 其他：＿＿＿＿＿＿＿＿＿＿＿＿＿＿＿＿＿

8. 遇見你以後，這件事我到死都不需要後悔：
   伴侶 A ＿＿＿＿＿＿＿＿＿＿＿＿＿＿＿＿＿＿＿
   伴侶 B ＿＿＿＿＿＿＿＿＿＿＿＿＿＿＿＿＿＿＿

9. 但願我們可以慢動作做這件事，好讓我細細品味：
   a. 接吻　　　　b. 擁抱
   c. 性愛　　　　d. 牽手
   e. 相依偎　　　f. 四目相望

10. 我們關係中哪件美好的事被我們視為理所當然：
    伴侶 A ＿＿＿＿＿＿＿＿＿＿＿＿＿＿＿＿＿＿＿
    伴侶 B ＿＿＿＿＿＿＿＿＿＿＿＿＿＿＿＿＿＿＿

需要改進的事

1. 我可以做什麼事讓自己變成你更好的伴侶：

   伴侶 A _____

   伴侶 B _____

2. 我期待某天我們可以減少／放棄：

   a. 埋怨與負面思考　　b. 喝酒與／或使用藥物

   c. 彼此防衛　　　　　d. 逃避艱難的對談

   e. 忽略飲食的營養

3. 我一直想學哪一種語言：

   伴侶 A _____

   伴侶 B _____

4. （**複選**）我們關係中削弱「浪漫指數」、有欠優雅的壞
   習慣是：

   □ 清喉嚨　　　　　　□ 公然放屁

   □ 搔抓胯下　　　　　□ 彎腰駝背

   □ 抽菸　　　　　　　□ 折指關節

   □ 咬指甲　　　　　　□ 當眾剪指甲

   □ 亂罵髒話　　　　　□ 挖鼻孔

   □ 不愛洗澡　　　　　□ 當眾剔牙

   □ 嚼東西不閉嘴　　　□ 挖耳朵

   □ 口腔衛生欠佳　　　□ 嗓門太大

5. 我哪方面的不安全感希望得到支持：
   a. 社交技巧　　　b. 價值感　　　c. 自我懷疑
   d. 吸引力　　　　e. 聰明度

6. 我們最難處理的情緒是：
   a. 憤怒　　　　　b. 嫉妒　　　　c. 無助
   d. 恐懼　　　　　e. 憎惡　　　　f. 哀傷
   g. 喜悅

7. 關於成年，我一直在抗拒的是：

   伴侶 A _____

   伴侶 B _____

8. 我們可以用什麼辦法改善我們的理財方式：
   a. 開設聯名帳戶　　　　b. 各自開設帳戶
   c. 每週檢視財務狀況　　d. 請教理財顧問

9. （是／否）對於你個性上我不喜歡（卻無法改變）的面向，我願意學著接受或容忍。

10. 如果我做這件事的速度可以快五倍，我的幸福指數就會暴漲，對我們的關係產生正面影響：
    a. 開車上下班　　b. 出門前的準備　　c. 睡前放鬆心情
    d. 鍛鍊身體　　　e. 回覆電子郵件　　f. 打掃
    g. 煮飯

你們剛才花了點時間探討
你們此時此刻在關係中如何互補。
你們看到關係中正向、令人愉悅的面向。
在本章最後一組題目裡,
你們有機會思考自己的缺點與不安全感,
如果你希望美好事物更加美好,這是必要的一步。

──────〈 你們的獎勵 〉──────

答題達人獎:
看看你們在題組一第九題勾選或寫下
代表你們關係的雞尾酒。
找齊所有材料,扮演調酒師合力調製。
如果你們有雪克杯也可以使用。
嘗試增減比例,慢慢改善口感
(如果你們真的調出不錯的雞尾酒,
大有機會一舉成名天下知)。

我 們 的 未 來

伴侶諮商師琳達・卡蘿爾（Linda Carroll）在她的書《愛情技巧：發掘長久、全心全意的愛情》（*Love Skills : The Keys to Unlocking Lasting, Wholehearted Love*）裡，將堅貞伴侶某些最可預測的情感經驗濃縮為五個階段：融合、疑惑與否認、幻想破滅、決心、全心全意的愛。根據卡蘿爾的觀點，愛情不會帶著對的那個人直接掉進我們的懷抱。我們在融合期品嘗到愛的滋味，接著（好像）在接下來幾個階段失去它。到了決心階段，我們選擇邁入全心全意期。只是，即使體驗到全心全意的愛，也不是固定不變的狀態。

你回答接下來三組題目時，請謹記這一點：你和伴侶討論、計畫和幻想的同時，不妨想像一個與本來的你們一同收縮與擴張的未來，跟對方分享自己的夢想，就像分享萬花筒裡變幻莫測的景象一樣。在你們探索如何對這個世界做出獨特、持續不斷的貢獻時，給彼此支持。

卡蘿爾寫道，「不管你是不是擁有全心全意的愛，過生活始終像走迷宮。你會迂迴繞路、走曲線或彎路，等你覺得接近中心點的時候，又突如其來地繞了一段路。不過，有時候你以為自己距離目的地還有一大段路，阻礙卻消失了，而你已經安全抵達。」

我
們
的
伴
侶
關
係

1. 放眼未來，我看見我們在理財方面的改變：

   伴侶 A _____

   伴侶 B _____

2. 我們聊政治話題時可以怎樣變得更有建設性：
   a. 增加談論次數
   b. 減少談論次數
   c. 聽的時候不插嘴
   d. 找出一致／連結點
   e. 戴著我們支持的政治人物的幸運小物或周邊等等

3. （圈選一項）放眼未來，我看見我們**一起做更多事／更常跟彼此相處**。

4. （**是**／否）曾經有人誤認我們是同胞手足。

5. 我希望在生日、週年紀念或節慶時增加這個新活動：
   a. 在對方的臉上塗塗畫畫
   b. 連續一星期每天在黑板寫下一件快樂的回憶
   c. 在家裡玩尋寶遊戲
   d. 存一整年撲滿，之後把錢捐給在地慈善團體
   e. 在家裡選一面牆，用來貼感恩貼紙
   f. 到我們沒去過的地方旅行
   g. 製作專訪影片訪問彼此三個問題，留作紀念
   h. 其他：_____

6. 對於伴侶關係的未來，我常幻想：
   a. 有個家
   b. 生兒育女
   c. 出去度假
   d. 享用奢侈品
   e. 做更多社區服務
   f. 拯救地球

7. （是／否）我們十分鐘內可以寫出一份伴侶「使命宣言」。

8. 我留給未來的我們的時空膠囊裡會有我們做這件事的提示照片：

   伴侶 A _____

   伴侶 B _____

9. 我們的伴侶關係座右銘會是：
   a. 愛無所畏懼
   b. 愛不必完美
   c. 愛要有耐心
   d. 給更多愛
   e. 以上皆是

10. （圈選一項）我偏好傳統／非傳統婚禮。

我們的夢想

1. 小時候的這個夢想我還沒放棄：

   伴侶 A _____

   伴侶 B _____

2. 夢想很重要，因為：
   a. 它們反映希望　　　　b. 它們讓人成長
   c. 它們刺激改變　　　　d. 它們賦予生命意義
   e. 其他：_____

3. 我小時候哪個夢想跟愛情和伴侶關係有關：

   伴侶 A _____

   伴侶 B _____

4. （是／否）未實現的夢想帶來痛苦。

5. 如果我敢做夢，我可能會夢想：
   a. 跳傘
   b. 當執行長
   c. 寫書
   d. 發明救生用品
   e. 學特殊舞蹈
   f. 回學校讀書
   g. 經營運動團隊
   h. 其他：_____

6. 我小時候這個夢想跟金錢有關：

伴侶 A _____

伴侶 B _____

7. 如果我們把握機會，現在就可以完成哪個夢想：
   a. 養寵物
   b. 開始做生意
   c. 花小錢環遊世界
   d. 生小孩
   e. 創作藝術品
   f. 推動某項公益
   g. 其他：_____

8. 對於我們睡覺做的夢，我們可以做什麼：
   a. 放本日記在床頭
   b. 更常向對方詳細描述夢境
   c. 多讀跟夢有關的書
   d. 彼此討論夢的意象、意義與感受

9. 我小時候喜歡做的這件事跟我目前的愛好有關：

伴侶 A _____

伴侶 B _____

10. （是／否）我們都喜歡在夢裡飛翔的感覺。

我
們
的
貢
獻

1. 未來我願意參加的抗議遊行是關於：

   伴侶 A _____

   伴侶 B _____

2. 我們可以做哪件事來減少碳足跡：

   a. 資源回收再利用　　　　b. 改以蔬食為主

   c. 到環保團體當志工　　　d. 安裝太陽能板

   e. 使用大眾運輸工具

   f. 其他：_____

3. 我願意做這件事來創造更美好的世界：

   伴侶 A _____

   伴侶 B _____

4. （**複選**）我曾經看見你為別人做出這樣的貢獻：

   □ 捐出舊衣

   □ 在地鐵／捷運／公車上讓座

   □ 提供無償服務

   □ 為某個單位或某本書撰寫正面評論

   □ 讚美陌生人的衣著

   □ 把雨傘借給別人

   □ 對路人微笑

   □ 友善對待業務代表或電話行銷人員

5. 如果我們發明足以傳世的「三明治」，這個三明治會是：

   伴侶 A ＿＿＿＿＿＿＿＿＿＿＿＿＿＿＿＿＿＿

   伴侶 B ＿＿＿＿＿＿＿＿＿＿＿＿＿＿＿＿＿＿

6. 某家廣告公司要拍我們的裸照，放在時代廣場廣告看板為他們
   的產品代言。我們會同意代言哪項產品：
   a. 減少食物浪費的無毒塗層
   b. 使用百分之九十九由回收廢棄物製造的成衣品牌
   c. 視力損傷者專用眼鏡
   d. 奶蛋替代品
   e. 其他：＿＿＿＿＿＿＿＿＿＿＿＿＿＿＿＿

7. （**是／否**）我們討論過活體捐贈器官的正反意見。

8. （**複選**）

   □ 我們的飲食　　　　　□ 我們如何處理垃圾
   □ 我們旅行的方式　　　□ 我們花錢的方式
   如果違反我們的價值觀，我們願意學習並調整。

9. （**複選**）我願意做什麼來增進社區民眾的福祉：
   □ 整理資源回收　　　　□ 幫別人清掃落葉
   □ 設立免費戶外圖書區　□ 撿垃圾
   □ 發起苗木交換　　　　□ 探視高齡鄰居
   □ 其他：＿＿＿＿＿＿＿＿＿＿＿＿＿＿＿＿

10. 如果我可以捐出三千萬做慈善工作，那會是：

    伴侶 A ＿＿＿＿＿＿＿＿＿＿＿＿＿＿＿＿

    伴侶 B ＿＿＿＿＿＿＿＿＿＿＿＿＿＿＿＿

—————（ 回 顧 ）—————

你們剛才回答的問題是有關未來願景、
你們或大或小的夢想，以及你們如何支持對方做出貢獻。

—————（ 你們的獎勵 ）—————

答題達人獎：

在題組一第七題，你和另一半對以下這句話圈選是或
否：「我們十分鐘內可以寫出一份伴侶『使命宣言』。」
如果你們的答案都是「是」，那就找個計時器設定十
分鐘，拿出你們的筆，開始寫。如果你們其中一個或
兩個答「否」，還是可以挑戰，看看你們能不能在十
分鐘內寫出使命宣言。

你們的伴侶關係使命宣言應該包含三部分：你們在關係
裡的共同願景、共同核心價值、共同的終極目標。比方
說，我跟我丈夫套用這個格式寫出來的使命宣言是：我
們在愛與責任中一起成長，發揮我們的最高潛能。（坦
白從寬：我們是花了十二分半腦力激盪寫出來的。）

我 們 倆 的
人 生 目 標 清 單

我接受伴侶諮商專業訓練時學到「延伸」
（stretching）這個概念。在關係經營領域，「延伸」
是伴侶嘗試走出舒適圈、讓自己變成更懂愛的人。
延伸的意思是做某些原本覺得太困難或做起來彆
扭的事。處於伴侶關係中的人一旦跨出舒適圈，會
同時產生兩種正面結果：可以提供他們的另一半
想要的東西，比如更緊密的連結，更多親密感、更
多愛，更興奮刺激；另外，踏出舒適圈那個人也可
以找回自己被抹除、被否決的那部分，或只是發掘
自己的內心。向舒適圈外延伸，一方面幫助伴侶自
我實現，同時也能建立更相互依賴、更長久的關係。
列出人生目標清單可以思考某些行動導向的「未來
延伸」。清單裡的目標可大可小，有點挑戰性或非
常艱難，它們可以幫助你們成為更好的人，更貼心
的伴侶。這些目標不容易達成（否則你們早就辦到
了），不過它們帶來的挑戰是可以克服的。

伴侶人生目標清單

瀏覽這份清單裡的事項，勾選你未來想嘗試的一般或非凡冒險，寫進你自己的清單裡。

	伴侶 A	伴侶 B
環遊世界	☐	☐
跑馬拉松	☐	☐
走訪彼此兒時的家	☐	☐
在沙灘上做雙人按摩	☐	☐
重現第一次約會	☐	☐
為好友和家人辦一場大型派對	☐	☐
在戶外露天過夜	☐	☐
走訪彼此的中學或大學校園	☐	☐
穿正式禮服欣賞芭蕾、歌劇或交響樂表演	☐	☐
攻頂玉山	☐	☐
抱抱曾孫	☐	☐
觀看日蝕或月蝕	☐	☐
一起做餅乾	☐	☐

飛機上跳傘 ☐ ☐

泳渡日月潭 ☐ ☐

騎車環島 ☐ ☐

參加巴西狂歡節 ☐ ☐

看北極光 ☐ ☐

高空彈跳 ☐ ☐

離島浮潛 ☐ ☐

參加正宗的慕尼黑啤酒節 ☐ ☐

穿金光閃閃的迪斯可服裝參加 Party ☐ ☐

相擁坐旋轉木馬 ☐ ☐

與對方分享並在雙方同意下
實踐安全合法的性幻想 ☐ ☐

颱風來襲時在外面跳水坑 ☐ ☐

午夜在海裡裸泳 ☐ ☐

畫一幅壁畫 ☐ ☐

_____ ☐ ☐

_____ ☐ ☐

〈 回 顧 〉

你們在最後一章開始思索
兩人可以一起做哪些大小不等的事，
幫助你們跨出舒適圈，共同成長。
其中某些事你們也許現在就可以做，比如餅乾。
其他的事可能需要預先做點規劃，
例如騎車環島。

〈 你們的獎勵 〉

答題達人獎：
把你們都勾選的項目整理成一份「我倆人生目標清單」，
複印兩份裱框掛在牆上，方便你們天天看見它。

有 問 必 答

本書開頭我曾經建議你回答問題時順手寫下與另一半有關的想法和問題。如果你寫了，重新拿出來讀一遍。你當時的思維能不能組成你想對另一半提問的明確問題？如果你沒有寫筆記，那就花幾分鐘時間思考一下，看看你在回答問題的過程中學到什麼。你可以獨自思考，也可以跟另一半討論。

問你自己：「對於你、對於我們的關係，還有什麼我真的想知道的？」專注覺察你的身體，耐心等待。想像你可以接收某種包含感受、心理圖像和身體感知的無線電波，仔細留意你的內在如何回應你提出的問題。這些回應可能以身體、能量、情感或視覺畫面等形式呈現，這個方法稱為「聚焦」（Focusing），是心理學家尤金·簡德林（Eugene Gendlin）提出的自我覺知技巧的簡易版。一旦你弄清楚自己「還想知道」的是什麼，就可以動手設計另一回合屬於你自己、獨一無二的問答。

第一步：寫下你的問答題、複選題或是非題。想知道怎麼組織你的問題，請參考本書各章的題目。

第二步：檢查你的題目，避免話中帶刺或別有用心。如果你設計的問題沒有目的也沒有投射，你跟另一半就能夠成功建立連結。

比方說，如果你的問題是：「你最滿意的情人叫什麼名字？」要弄清楚你為什麼問這個問題。如果另一半的回答不是你想聽的，會不會因此產生隔閡？如果問題本身來自你的焦慮，那想辦法修改一下，讓你不論得到什麼答案，都能增進對另一半的了解。例如：「我問你過去的性經驗時，你的心情怎麼樣？　a) 防衛　b) 開心　c) 害怕　d) 性致勃勃　e) 其他：＿＿＿＿＿＿＿＿。」

第三步：做好心理準備，別對另一半的答案想太多。看到他們的答案時，仔細監控你內心的感覺與評斷。在真摯的伴侶關係中，不管你問什麼問題，要想得到成果豐碩的交流，關鍵就在你能不能留意自己的感受、需求和恐懼，並且對它們負起責任。

第四步：練習在傾聽過程中默默傳達認同與接受。發展出一來一往的聽與說溝通模式，其中伴侶雙方平均分配角色與「發言時間」。組織溝通方式可以幫助你們更有效率地傾聽與說話。

這可能代表你在提出問題以前要先調整好自己的心態。透過提醒你自己另一半是另一個獨立的個體，有權力擁有他／她自己的想法、夢想、喜好和過去的經驗，你就能創造一個安全、中立的空間，讓他／她更誠懇、更真實地說出心裡的話。
決心用愛傾聽，避免別有用心，可以有效幫助另一半在你面前展露真實的自己。

第五步：提出你的問題時，先問問另一半，看看他／她有沒有心情回答。也許你們可以事先商量好，將一天與／或一星期之中的某個時間定為「問答時間」，好讓你們雙方都做好準備，並且處於恰當的心理狀態，以便相互提問，創造屬於你們的「答題達人挑戰」。

第六步：當另一半問你問題，要盡力老實、誠懇、坦率地回答。如果由你提問，請避免批評另一半的回答。別去揣測他們的答案藏有什麼意思與暗示。感謝對方提出問題，對方回答後也記得說聲謝謝。你們對彼此的好奇是一份禮物，意味著你們在乎彼此。你們願意分享、願意說出心裡的話，也是一份禮物，因為那是一種信任。

參 考 資 料

● 琳達・卡蘿爾（Linda Carroll），《愛情技巧：發掘長久、全心全意的愛情》（*Love Skills: The Keys to Unlocking Lasting, Wholehearted Love*）。Novato, CA: New World Library, 2020

● 艾倫・狄波頓（Alain de Botton），〈值得引用的佳句〉，二〇一九年十二月十五日http://www.goodreads.com/quotes/399785

● 尤金・簡德林（Eugene Gendlin），《聚焦》（*Focusing*）。New York: Bantam Books, 1978

● 約翰・高特曼（John Gottman）與妮安・希維爾（Nan Silver）《七個讓愛延續的方法》（*The Seven Principles for Making Marriage Work*），New York: Harmony, 2015（遠流出版）

● 《新婚遊戲》（*The Newlywed Game*），維基百科二〇一九年十一月二十日http://en.wikipedia.org/wiki /The Newlywed Game

● 艾克哈特・托勒（Eckhart Tolle），《當下的力量》（*The Power of Now: A Guide to Spiritual Enlightenment*）。Novato, CA: New World Library, 1997（橡實文化）

致 謝 辭

我要感謝這些年來我輔導過的伴侶們邀請我走進他們的世界，走進諮商師的辦公室或與他們視訊需要勇氣、謙遜和膽量。感謝MAIT讀書會提供我特別的空間，藉由好書與優質觀點與更多人連結。Mary Ray、Barbara Adams、Gloria Mog、Susan Roistacher、Suzanna Hillegass、Benta Sims與Cindy Stauffer，感謝你們！還有我的同儕監督團隊：Dianne Modell、Amy Clay、Leslie Rogers、Kevin Ogle、Renee Doe與Isabel Kirk，謝謝你們每個月聚在一起探討理論與臨床議題，並且進行非正式交流。我也要謝謝Natalya Lunde，你的溫柔與隨和讓我即使離開都市也能身心自在。謝謝Anne Lowrey監督這本書的進度。謝謝Constance Santisteban，你嚴謹精妙的回饋，讓書中的問題更為明確。感謝Donna Otmani活力充沛的指導，也謝謝你一年來的支持。

我們的365天
學會每天問一題，
成為聊不停的親密關係

艾莉西亞‧姆諾茲（Alicia Muñoz）——著
林宜汝——譯

建立親密關係第一課，練習問彼此，
美國伴侶治療師的暖關係題庫。
亞馬遜五顆星 ★★★★★ 長踞排行榜　歷久彌新

專家推薦

在不同的提問裡，藉著跟對方對話，一次又一次地跟對方相遇！
　　　　　　　　　　　　　　　——洪仲清 臨床心理師

這是一本讓親密關係持續保溫的作業簿……
　　　　　　　　　　　　　　　——陳志恆 諮商心理師／作家

本書為每對情侶們的「愛火」，備好了一年份的柴——
一天一題，一起好好經營。　　　——蘇益賢 臨床心理師

好的提問本身就能帶出重要的解答，這本書透過許多珍貴的提問
幫助你更靠近自己。　　　　　　——胡展誥 諮商心理師

原來你從來不知道我的心意？
原來我真的不夠認識你？
原來關係走到最後，
最害怕，我們沒有話聊……

你知道伴侶的夢想、觀點、喜好、幻想和特質嗎？
兩個獨立的個體，如何在相處中讓關係加溫，
讓彼此了解內在的心聲。
你清楚伴侶的恐懼、自尊、驕傲與掙扎嗎？
分享與聆聽也許是容易的，但也可能是最難的。
本書邀請你與伴侶在 365 天內，天天懷著好奇心，
一起探索這裡的每個問題。
如果你們已經相當瞭解彼此，
這本日誌可以提供你們每天交流的話題，使關係更密切；
如果你們才剛認識，
這些問題可以幫助你們展開熟悉彼此的旅程。
「愛的習慣」絕對不是日久生情就可以培養和滋長，
當你們反覆回顧筆此在本書中所留下的回答，
你會發現這一場「愛的儀式」
將會使你們驚喜，成長，幸福……

Creative 156

關係練習題
從我們最喜愛的事物開始回答

作　　　者｜艾莉西亞‧姆諾茲
譯　　　者｜陳錦慧
插　　　畫｜強雅貞Fion

出　版　者｜大田出版有限公司
　　　　　　台北市一○四四五中山北路二段二十六巷二號二樓
E - m a i l｜titan@morningstar.com.tw　http://www.titan3.com.tw
編輯部專線｜（02）2562-1383　傳真：（02）2581-8761
【如果您對本書或本出版公司有任何意見，歡迎來電】

總　　　編｜莊培園
副　總　編｜蔡鳳儀
行　銷　編｜陳映璇／黃凱玉
行　政　編｜林珈羽
校　　　對｜黃素芬‧黃薇霓
美術設計｜王瓊瑤

初　　　刷｜二○二一年三月一日　定價：三八○元
總　經　銷｜知己圖書股份有限公司
台　　　北｜一○六台北市大安區辛亥路一段三十號九樓
　　　　　　TEL：02-23672044／23672047　FAX：02-23635741
台　　　中｜四○七台中市西屯區工業三十路一號一樓
　　　　　　TEL：04-23595819　FAX：04-23595493
E - m a i l｜service@morningstar.com.tw
網　路　書　店｜http://www.morningstar.com.tw
讀　者　專　線｜04-23595819 # 230
郵　政　劃　撥｜15060393（知己圖書股份有限公司）
印　　　刷｜上好印刷股份有限公司
國　際　書　碼｜978-986-179-621-5　CIP：544.7/109020694

填回函雙重禮
① 立即送購書優惠
② 抽獎小禮物

國家圖書館出版品預行編目資料

關係練習題：從我們最喜愛的事物開始回答
艾莉西亞‧姆諾茲著．陳錦慧譯
臺北市：大田，民110.03
面；公分.--（Creative；156）

ISBN 978-986-179-621-5（平裝）
544.7　　　　　　　　　　109020694